茶韵经典·典藏精品

中华国饮事典

茶苑

Zhonghua Guoyin Shidian
Chayuan

茶之艺

◎主编　黄小勇

◎本册主编　刘文娟　王应生

◎本册副主编　韩三军

武汉大学出版社
WUHAN UNIVERSITY PRESS

图书在版编目（CIP）数据

中华国饮事典·茶苑·茶之艺/黄小勇主编.—武汉：武汉大学出版社，2015.8

ISBN 978-7-307-15810-8

Ⅰ.中…　Ⅱ.黄…　Ⅲ.茶叶—文化—中国　Ⅳ.TS971

中国版本图书馆 CIP 数据核字（2015）第 103132 号

责任编辑：余　梦　　责任校对：黄孝莉　　装帧设计：吴　极

出版发行：**武汉大学出版社**（430072　武昌　珞珈山）

（电子邮件：whu_publish@163.com　网址：www.stmpress.cn）

印刷：武汉市金港彩印有限公司

开本：720×1000　1/16　印张：11.5　字数：146 千字

版次：2015 年 8 月第 1 版　2015 年 8 月第 1 次印刷

ISBN 978-7-307-15810-8　定价：1280.00 元（全套七册，精装）

总序

茶第一次给我留下深刻的印象，要追溯到30年前的那个春天。我到与学校相邻的城市杭州游玩，无意中走到了著名的龙井大队。恰好赶上春茶上市的日子，村边小路的两侧，密密麻麻地摆满了茶农自家生产的龙井茶，蜿蜒曲折的茶叶阵蔓延数公里。当时的集市十分简陋，一家一个箩筐，箩筐上面放一个大大的簸箕，簸箕上堆满了茶叶。每个农家都在簸箕的一角放一个大大的玻璃杯，里面泡的都是自家预售的茶叶。放眼望去，处处都是新茶的嫩绿，柔柔的嫩叶舒展在杯中，缕缕热气从杯中袅袅升起，与早春时节山中的薄雾相映成趣，满眼的嫩绿和不时吸入鼻中那若有若无的茶香味融合在一起，眼前一片春意盎然的景象。一时间，人竟有些恍惚，有一种飘飘然、如临仙境的感觉。我定了定神，沿着小道走了下去，最后，在一个自认为最好的茶叶摊前停下脚步。在茶主的盛情邀请下，我端起玻璃杯，大大地喝了一口（请原谅，当时的我真的不知道茶是要慢慢去品的），也许是我喝得太快，茶水入口时并没有什么特别的感觉。而当茶水被咽下去后，令人震惊的事情发生了，只觉得一股清新之气在口腔中盘旋，直冲鼻腔，好像真的是七窍都要通了一般。不知道古人的“六碗通仙灵”是不是描述我当时的感受，但可以肯定的是我在喝第一口时就有了“通仙灵”的感觉。当我鼓起勇气询问茶叶的价格，希望买上一点回去品尝的时候，摊主平静的回答，让我震惊了，他告诉我“200元一斤”。当时正在上大学的我，一个月的生活费也就只有30元左右！一斤茶叶居然要花费我半年的生活费！说实话，当时的我对茶叶并没有太多的认识，只知道它是一种可以泡来喝的饮料，大多是闲人们打发时间的饮品。看到我震惊的样子，摊主笑着给我讲起了龙井茶的故事。从茶农的口中我第一次听到了“虎跑泉水龙井茶”的传说，也第一次知道了茶叶的采摘是有时间要求的，不同的采摘时间和加工方法会给茶叶的品质带来巨大的影响。好的茶叶因为有极为苛刻的采摘和加工要求，产量十分有限，所以价格昂贵。当然也有品质一般的茶叶，只需要几块钱一斤。

真正让我对茶产生兴趣是在大学最后一年的夏天。那年中国航空公司宣布寒暑假期间可以对在校大学生出售半价飞机票，但前提条件是只在每天下午 3 点钟以后出售未卖完的第二天的机票。为了买到一张半价机票，几乎有一周的时间我每天下午都要从浦东跑到我预乘航班航空公司的售票大厅排队等票。上海的 7 月极为闷热潮湿，在正午的烈日下奔跑是极耗体力的。终于有一天我有些扛不住了，整个人都感觉到发虚发飘，口腔中不时有口水不受控制地涌出来，我知道自己要中暑了。误打误撞中跑进了城隍庙里的豫园茶楼，现在也记不清当时是为什么点了一壶龙井茶。几杯茶下去，中暑的感觉彻底消失了，虽然没有“两腋清风生”，但也有了几分神清气爽的感觉。原来这不起眼的茶叶居然有如此惊人的功效！从那时起，我对茶叶的兴趣便一发不可收拾，开始了对中华茶文化真正意义上的收集和研究。

几乎每一个中国人都知道“开门七件事，柴米油盐酱醋茶”，它反映了茶作为生活必需品在中国人日常生活中的重要地位。客来敬茶，是中国人待人接物的基本礼节。茶间话家常，其乐融融。随着中国社会的发展，茶作为一种文化载体，在保持其自然属性的同时，也引起了人们的关注，带领人们回归自然，予人以精神寄托。中国文人强调“人生八雅”“琴棋书画诗酒花茶”。中华茶文化源远流长，博大精深，为中华民族之国粹。从开门七件事的“茶”，到人生八雅的“茶”，从物质的茶到精神的茶，中华茶文化的发展经历了漫长的孕育期，在汲取了大量的中华民族传统文化精华的基础上，与时代的政治、经济、文化及人们的日常生活产生了完美的融合，并由此开始了其自身的形成与发展历程。

纵观我国茶文化的历史，中华茶文化的发展大致经历了以下几个阶段。

一、茶文化的孕育期

上古的黄帝时代，中华历史上发生了一个重大变化——文字的发明，这标志着中华历史迈进了文明的时代。文字发明以前，人们一般以实物记事。从传说和民族学的资料来看，上古记事的主要办法为结绳和刻契。而结绳应用于神农氏以前，至黄帝时代，随着经济、文化、生活的快速进步，结绳记事已无法在使用范围和速度上完全满足人类传递信息的需要了，古人通过兽蹄鸟迹的规律，发明了文字，便于交流。由于文字的发明，中华历史发展中的优秀文化得以传承。中华茶文化的记载便是从此时开始的。

相传在上古的黄帝时代，神农氏尝百草并写下了记载各种草石功效的《神农本草》，又名《神农本草经》，它是我国现存最早的药学专著。《神农本草》里记载，现今的四川益州是最早的茶区之一，采摘在农历的三月初三进行。这说明茶叶在此时已被视为药饮在民间流行。中国最早的诗歌总集《诗经》收集了从西周初期至春秋中叶大约500年间的诗歌305篇，其中提到“荼”字的地方就有近十处。这里的“荼”字也许并不全部指我们现在意义上的“茶”，但其中诸如“谁谓荼苦，有甘如荠”“采荼薪樗，食我农夫”等的描述，则被学者们公认为是关于茶事的最早记载。春秋时期婴相齐景公时（公元前547—公元前490年），有记载表明人们吃脱去谷皮的粗粮饭，烤食三种禽鸟和牛、猪、狗、鸡、羊的卵部，最后“茗茶而已”，表明茶叶已作为菜肴汤料，供人食用。三国时期魏张揖著《广雅》中有“荆巴间采茶作饼，叶老者饼成，以米膏出之。欲煮茗饮，先炙令赤色，捣末置瓷器中，以汤浇覆之，用葱、姜、橘芼之”的记载，这是目前发现的最早的关于茶饼制作和泡茶方法的描述。

不难看出，这一阶段茶在生活中扮演着药饮、汤饮的角色，还仅仅局限于茶的物质属性方面。

二、晋代、南北朝茶文化的萌芽

魏晋南北朝时期，奢靡之风盛行。而茶饮具有清新、雅逸的天然特性，于是，宫廷贵族“以茶代酒”倡朴示廉，市井百姓“以茶代水”提神醒脑，文人雅士“以茶会友”品茗寄情，佛门僧侣“以茶合禅”静虑悟道。茶的精神意味得到了人们的认同，茶不仅作为一种饮品被人们接受，而且作为一种精神得到传播。

魏晋时期饮茶的地域特征明显，主要集中在长江流域，先秦两汉是在巴蜀之地发祥，三国西晋在长江中游和华中地区，东晋和南朝则在长江下游和华南。据晋常璩《华阳国志·巴志》记载：约公元前1000年周武王伐纣时，当时的巴国已有了人工茶园，所产的茶叶被作为“纳贡”珍品献给周王室，这是茶作为贡品的最早记述。公元前59年，已有“烹茶尽具”“武阳买茶”的记载，这表明在四川一带已有茶叶作为商品出现，是关于茶叶商贸活动的最早记载。东汉（25—220年）末年、三国时代的医学家华佗在《食论》中提出了“苦荼久食，益意思”，是茶叶药理功效的第一次记述。三国（220—265年）时期，史书《三国志》中有吴国君主孙皓“密赐茶荼以代酒”，是“以茶代酒”最早的记载。到了隋朝（581—618年），茶的饮用逐渐开始普及，隋文帝患病，遇俗人告以烹茗草服之，果然见效。于是人们竞相采之，茶逐渐由药用演变成社交饮料，但主要还是在社会的上层群体中流行。随着文人饮茶之兴起，有关茶的诗词歌赋日渐问世，茶已经脱离作为一般形态的饮食而走入文化圈，起着一定的精神、社会作用。中华茶文化由此开始了它真正意义上的萌芽。

三、唐代茶文化的形成

唐代（618—907年）是茶作为饮料扩大普及，并从社会的上层走向全民的时期。唐太宗大历五年（770年）开始在顾渚山（今浙江长兴）建贡茶院，每年清明前兴师动众督制“顾渚紫笋”饼茶，进贡皇朝。唐德宗建中元年（780年）纳赵赞议，开始征收茶税。8世纪，中国历史上第一部真正意义上的茶典——陆羽《茶经》问世。“自从陆羽生人间，人间相学事新茶。”陆羽《茶经》的问世使茶文化发展到一个空前的高度，标志着唐代茶文化的形成。《茶经》概括了茶的自然和人文科学双重内容，探讨了饮茶艺术，把儒、道、佛三教融入饮茶中，首创中国茶道精神。之后又出现大量茶书、茶诗，有《茶述》《煎茶水记》《采茶记》《十六汤品》等。唐代是中国历史上社会经济文化空前繁荣的时代，同时也是中华茶文化真正形成和发展的朝代。

唐代饮茶之风的兴起，使得全国许多地方开始生产茶叶。根据陆羽《茶经》记载，当时的主要产茶区有42个，涉及现在的17个行政划分省份，即西北至安康，北至淮河南岸的光山，西南至云贵的西双版纳和遵义，东南至福建的建瓯等，南至岭南的两广。因各地气候不一、地理位置迥异，加上风土人情和种植方法有差异，所产出的茶叶也呈现出不同的特质。唐人在煎茶过程中，总结出了茶与水的煎煮关系，择水当选与产茶地相宜的水。故而，中国茶文化自唐代开始，饮茶讲究茶水相宜。茶与水的融合，各地风格迥异。唐人开始认识到不同水质对茶汤质量的影响，不同沸水程度对茶汤质量的影响，不同产地茶碗对茶汤汤色的影响等细节。唐人开始重视茶叶的制作方法和过程，不同的制作方法产出的茶叶，采用不同的煮饮方式。

四、宋代茶文化的兴盛

宋代茶业已有很大发展，并在唐代的基础上进一步推动了茶文化的发展，在文人中出现了专业品茶社团，有官员组成的“汤社”、佛教徒的“千人社”等 。宋太祖赵匡胤是一位嗜茶之士，在宫廷中设立茶事机关，宫廷用茶已分等级。茶仪已成礼制，赐茶已成皇帝笼络大臣、眷怀亲族的重要手段，还赐给国外使节。至于普通百姓，茶文化更是生机盎然，有人迁徙，邻里要“献茶”；有客来，要敬“元宝茶”；订婚时，要“下茶”；结婚时，要“定茶”；同房时，要“合茶”。民间斗茶风起，带来了采制烹点的一系列变化。宋太宗太平兴国年间（976 年）开始在建安（今福建建瓯）设宫焙，专造北苑贡茶，从此龙凤团茶有了很大发展。宋徽宗赵佶在大观元年间（1107 年）亲著《大观茶论》一书，以帝王之尊，倡导茶学，弘扬茶文化。宋代创立了点茶法，斗茶之风盛行，由此产生了茶文化精粹——分茶。由于皇帝和文人对点茶、分茶和斗茶的推崇，贡茶的产生，极大地提高了茶叶和茶具质量。由于茶马贸易的旺盛，宋代开始，朝廷设茶马司，专门负责以茶叶交换周边各少数民族马匹的工作。由于马匹是重要的战备物资，设置茶马司便于朝廷控制各少数民族地区，同时，茶马贸易也促进了对少数民族的文化推广，特别是茶文化的推广，并由此逐步产生了专供少数民族地区的茶叶——黑茶（边茶）。由此，中华茶文化进入了兴盛时期。

五、明、清茶文化的普及

中国古代茶文化的发展史上，元、明、清也是一个重要阶段，茶叶的生产量和消费量逐渐扩大，饮茶技艺的水平、特色逐步提升，呈现多样化，散发着令人陶醉的文化魅力。宋代，大小城市茶馆、茶楼的兴起使得茶文化更加深入普通大众的生活，各种茶文化不仅继续在宫廷、宗教、文人、士大夫等阶层中延续和发展，茶文化的精神也进一步植根于广大民众之间，不同地区、不同民族有极为丰富的“茶民俗”。明、清茶人继承了唐、宋茶人饮茶修道的思想。泡茶法大约始于中唐，南宋末至明朝初年，泡茶多用末茶。明初以后，泡茶用叶茶，流行至今。

明、清时期，茶叶的生产和加工方式日渐多样化，出现蒸青、炒青、烘青等各茶类，茶的饮用已改成“撮泡法”，明代不少文人雅士留有传世之作，如唐伯虎的《烹茶画卷》《品茶图》，文徵明的《惠山茶会记》《陆羽烹茶图》《品茶图》等。茶类的增多，泡茶的技艺有别，茶具的款式、质地、花纹千姿百态。晚明时期，文人雅士们对品饮之境又有了新的突破，讲究“至精至美”之境。此时的茶叶已经进入寻常百姓家，成为人们日常生活中不可或缺的一种要素。

六、现代茶文化的发展

新中国成立后，我国茶叶生产得到了快速发展，2013 年全国干毛茶的产量已经达到了 189 万吨，茶叶总产值突破 1000 亿元人民币。茶物质财富的大量增加为我国茶文化的发展奠定了坚实的基础。随着茶文化的兴起，各地茶艺馆越办越多。各种形式的国内、国际茶文化研讨会频繁展开，吸引了世界各地的茶叶厂商和茶文化研究人员参加。各省、各市及主产茶县纷纷主办“茶叶节”，如福建武夷市的岩茶节、云南的普洱茶节、湖北英山及河南信阳的茶叶节等不胜枚举，以茶为载体，形式多样的活动，促进了各地经济贸易的发展，同时也进一步扩大了中华茶文化的影响。

时值金秋，丹桂飘香，正是品茶的好时候。所谓好茶还需细品，回想近 30 年对中国茶文化的收集和研究过程，各种生活志趣和人生滋味，尽在其中。无论红、绿、白、黑、黄或青，喝出生活味道的茶，皆为好茶。茶成为文化，经过了历史的沉淀和大众的传播。作为文化工作者，我和一群志同道合的中华茶文化爱好者，结合各自的工作，努力地向外国人传播着这一种物色突出的茶文化。作为民间的茶文化个体传播者，我们阅读分析了近 20 年中国出版的与茶文化有关的海量书籍，它们或细谈茶历史，或趣说茶文化，或详道茶之俗，或闲话茶之事，或漫话茶与养生，或把玩茶之器具，或译解茶之经典，然而大部分的书籍缺乏系统性，尤其是缺少针对外国人系统宣传介绍中华茶文化的书籍。10年前，我在英国工作期间有机会接触到英国的茶艺。众所周知，英国本土并不生产茶叶，而“英伦下午茶”却成了举世闻名的茶艺经典。这与英国人对茶文化的研究和英国茶艺的推广是密不可分的。随着中国经济的快速发展，中国已经全方位地走向了世界，中华文化的对外推广已是大势所趋，时不我待。作为中华文化组成部分的中华茶文化的宣传推广自然也就水到渠成了。

本着这样一种想法，我们编写了本套茶文化丛书。丛书共有七本，分别为《茶之类》《茶之水》《茶之器》《茶之典》《茶之艺》《茶之养》和《茶之道》，以期对中华茶文化进行一次全方位的梳理，同时也希望为对中华茶文化有兴趣的外国朋友提供一个全面了解中华茶文化的途径。我们力求从便于茶文化传承的角度，系统收编整理天下千差万别的各类茗茶，结合中国文化中“天地人和”的特点，介绍中国广袤大地上的宜茶之水。纵观历史，挖掘出中国摆器赏茶的道具，品析茶自孕育萌芽伊始的典故，与读者一起观外形、赏汤色、闻香气、品茗滋，享受中国茶文化带来的丰富营养，涤心神，悟人生。

由于编者不是茶文化的专业研究人员，丛书主要从日常生活中易于茶文化传播的角度编写，因此难免有考虑不周的地方，在此恳请专业人士予以批评指正。

黄小勇

2015年7月

前言

中国是世界上最早发现和利用茶叶的国家，我们的先人为后世留下了众多的茶学典籍。唐代陆羽的《茶经》，对茶的起源、品种、分布、制作、冲泡用水、器皿，以及茶的趣闻轶事等均有论述，对我国乃至世界的茶业发展都起了巨大的推动作用。北宋赵佶所著的《大观茶论》，对当时的蒸青团茶的产地、采制、烹试、品质、斗茶风尚等均有详细记述。书中关于点茶的见解精辟，论述深刻，从一个侧面反映了北宋以来我国茶业的发达程度和制茶技术的发展状况，也为我们认识宋代茶艺留下了珍贵的文献资料。

茶能清心神、涤欲念。在物欲横流的浮躁年代，静下来泡茶、品茶，可享受高雅的情志。在如此快节奏的年代里，慢下来、闲下来，是一件难以寻常的事情。历史发展到今天，我国的茶产业已经到了一个崭新的阶段。继承历史文化遗产，弘扬祖国传统茶文化，丰富和发展茶业、茶学，是满足人们不断增长的物质文化生活的需求，更是每一个炎黄子孙的历史使命。

本书结合中国文化中的多民族和谐共处、多元文化共存的特点，详述我国各个历史时期茶的冲泡技艺，展现我国丰富多彩的饮茶艺术，其内容丰富、观点鲜明、论述深入，这都是目前相关图书中不多见的，因此堪称一本融科学性、知识性、实用性和可读性为一体的饮茶艺术之书，很适于读者阅读品味。

本书所用图片，部分为作者拍摄；部分为武汉羽桐文化会馆提供；其余来源广泛。如涉及图片使用相关问题，请图片版权所有者与出版社联系。

在编写本书的过程中，我们得到了茶业界及其他各界许多朋友的关心和支持，在本书出版之际，谨致以衷心的感谢。书中的疏漏和不足之处，敬请广大读者、各界朋友批评指正。

编　者

2015 年 7 月

目录

第一章　绪论 /1

第二章　茶文化孕育萌芽期的茶艺 /4

第一节　茶文化孕育期的茶艺 /4

第二节　茶文化萌芽期的茶艺 /7

一、宫廷贵族“以茶代酒”倡朴示廉 /7

二、市井百姓“以茶代水”提神醒脑 /8

三、文人雅士“以茶会友”品茗寄情 /9

四、佛门僧侣“以茶合禅”静虑悟道 /11

第三节　茶文化孕育萌芽期茶艺的特点 /12

一、饮茶广泛，地域特征明显 /12

二、 形成了中国茶精神的萌芽期 /13

第三章　唐代茶文化形成期的茶艺 /14

第一节　形成期的茶艺特点 /14

一、茶水之异于地域 /14

二、茶汤之异于细节 /15

三、烹饮之异于蒸制 /17
第二节　形成期的制茶方法 /17
一、粗茶制茶方法 /17
二、散茶制茶方法 /18
三、末茶制茶方法 /19
四、饼茶制茶方法 /20
第三节　形成期的饮茶艺术——煎茶茶艺 /24
一、煎茶茶艺概说 /24
二、煎茶饮茶法 /25
三、煎茶器材 /27
四、煎茶选水 /29
五、煎茶煮水 /31
六、煎茶品茶 /31

第四章　宋代茶文化兴盛期的茶艺 /33
第一节　兴盛期的茶艺特点 /33
一、创立了点茶法，斗茶之风盛行 /34
二、产生了茶文化精粹——分茶 /35
三、提高了茶叶和茶具的质量 /37
四、产生了茶学专著 /37
五、设置了茶马司 /37
第二节　兴盛期团饼茶的制茶方法 /37
一、采茶 /38

二、拣茶 /39

三、蒸茶 /40

四、榨茶 /41

五、研茶 /42

六、造茶 /42

七、过黄 /43

第三节　兴盛期的饮茶艺术——点茶茶艺 /43

一、点茶茶艺概说 /43

二、点茶备器 /44

三、点茶备茶 /45

四、点茶选水 /46

五、煮水 /47

六、点茶品茶——斗茶 /48

第五章　明、清茶文化普及期的茶艺 /55

第一节　普及期的茶艺特点 /55

一、明代饮茶法的特点 /57

二、清代饮茶法的特点 /60

第二节　普及期的饮茶艺术——泡茶茶艺 /63

一、泡茶备器 /63

二、泡茶选水 /64

三、泡茶取火 /64

四、泡茶候汤 /64

五、习茶法 /65
第三节 普及期各大茶类的冲泡艺术 /71
一、绿茶冲泡艺术 /71
二、白茶冲泡艺术 /79
三、黄茶冲泡艺术 /86
四、青茶冲泡艺术 /94
五、黑茶冲泡艺术 /102
六、红茶冲泡艺术 /108
七、花茶冲泡艺术 /118

第六章 现代茶文化发展期的茶艺 /124
第一节 发展期的茶艺特点 /124
一、茶是沟通桥梁 /124
二、茶是人际关系的调节阀 /124
三、茶是中介体 /125
四、茶是通往诗化生活的重要媒介 /125
五、茶是东方伦理和东方哲学的集中体现 /126
第二节 发展期的茶叶种类 /127
一、袋泡茶 /127
二、速溶茶 /128
三、罐装茶饮料 /131

第七章　民族茶艺 /132
第一节　禅茶 /132
第二节　中华地方特色茶 /141
一、四川盖碗茶 /141
二、江浙熏豆茶 /142
三、江西修水菊花茶 /144
四、云南白族三道茶 /146
五、藏族酥油茶 /148
六、蒙古族咸奶茶 /150
七、傣族、拉祜族竹筒香茶 /151
八、怒族盐巴茶 /152
九、土家族擂茶 /153
十、苗族和侗族油茶 /155
十一、回族罐罐茶 /156
第三节　茶艺表演 /157
一、民俗茶艺表演 /159
二、仿古茶艺表演 /159
三、其他茶艺表演 /159
四、表演的服装 /160
五、表演的环境 /161
六、表演的音乐 /161
七、表演中的礼仪 /162

参考文献 /163

第一章

绪　论

茶艺的内涵其实就是中国文化的一种具体表现，谈茶文化必须结合中国文化。茶文化的精神内涵是沏茶、赏茶、闻茶、饮茶、品茶等习惯和中华的文化内涵相结合而形成的具有鲜明中国文化特征的一种文化现象，也可以说是一种礼节现象。其过程体现了形式和精神的相互统一，是饮茶活动过程中形成的文化现象。茶艺文化属于中国文化的范畴，即以礼规范品茶中的各个细节，讲究茶叶、茶水、火候、茶具、环境和饮者的修养、情绪等共同形成的一种意境之美。

茶艺是饮茶艺术，是艺术性地饮茶，它包括选茶、备器、择水、取火、候汤、习茶的程序和技艺。如杜育的《荈赋》[1]所述，“挹[2]彼清流”，择取岷江中的清水；“器择陶简，出自东隅”，茶具选用产自东隅（今浙江上虞一带）的瓷器；“沫沉华浮，焕如积雪，晔若春”，煎好的茶汤，汤华浮泛，像白雪般明亮，如春花般灿烂；“酌之以匏，取式公刘”，

[1]　荈赋：“荈”读作chuǎn，此赋所涉及的范围包括自茶树生长至茶叶饮用的全部过程。

[2]　挹：yì，舀；酌。把液体盛出来。

用匏瓢[1]酌分茶汤。《荈赋》所描述的，是中华茶艺的雏形。茶艺发源于巴蜀，萌芽于唐，发扬于宋，改革于明，盛极于清，可谓有相当深厚的历史渊源，自成系统。中国文化具有民族性，自然谦和，不重形式。所以不论是唐代的《茶经》，宋代的《大观茶论》，还是明代的《茶疏》，文中所谈仅是通论。普通老百姓则将饮茶融为生活的一部分，没有什么仪式，没有任何宗教色彩。茶是生活必需品，高兴怎么喝，就怎么喝。饮茶所讲究的是情趣，如"披咏疲倦""夜深共语""小桥画舫""小院焚香"，都是品茗的最佳环境和时机，"寒夜客来茶当酒"的境界，不但表露出宾主之间的和谐欢愉，而且蕴蓄着一种高雅的情致。

葫芦

[1] 匏瓢:páo piáo，匏在古代泛指一个球体的葫芦，匏最广泛的用途就是从中间开成两半做水瓢，民间将匏俗称瓢葫芦。

匏瓢

小桥画舫

考察中国的饮茶历史，饮茶法有煮、煎、点、泡四类，形成茶艺的有煎茶法、点茶法和泡茶法。茶艺的分类标准依据饮茶法，形成了煎茶艺、点茶艺和泡茶艺。

第二章

茶文化孕育萌芽期的茶艺

第一节 茶文化孕育期的茶艺

对茶饮的正式记载，始于《三国志》。三国时期茶饮仅流行于南方上流部分阶层间，一般社会民众对于茶饮心存怀疑。部分北方人还不明白茶是什么，喝茶的人被他们称为“漏卮[1]”“水厄[2]”等，茶则被他们称为“酪奴[3]”。

在秦汉时期，对茶饮有了比较确切的历史资料记载。西汉儒生假借“神农”的名义所作的《神农食经》里记载“茶茗久服，令人有力悦志”，意思是经常喝茶，能让人充满活力。东汉华佗说“苦茶久食，益意思”，表明浓茶经得起一而再、再而三的冲泡，久也不失其味。浓茶能提神醒脑，有益于提高思维能力。通过这些记录我们可以推断，茶此时已作为一种药用饮品或食品被人们服用。西汉王褒在《僮约》中记载了饮茶作为较普遍

[1] 漏卮：“卮”读作 hù。

[2] 水厄：“厄”读作 è，溺水之灾。

[3] 酪奴：茶汤的别称。南北朝时，北魏人不习惯饮茶，而好奶酪，戏称茶为酪奴，即酪浆的奴婢。

的行为在四川等地区的兴起。券文曰：“神爵三年正月十五日。资中男子王子渊，从成都安志里女子杨惠，买亡夫时户下髯奴便了，决贾万五千。奴当从百役使，不得有二言。晨起早扫，食了洗涤……烹茶尽具，已而盖藏……武阳买茶……”这是蜀郡王子渊与奴隶签订的契约，规定了奴隶的日常工作。这里规定的工作有两项与饮茶有关，其中，“烹茶尽具”说明饮茶已经成为人们一个日常习惯性行为，而且有了专门的茶具；“武阳买茶”可以推断当时茶叶市场已经形成，这又从侧面反映茶叶社会需求量的增多，此时的茶已经被普通百姓当作饮品。

秦汉“仙人”品茗

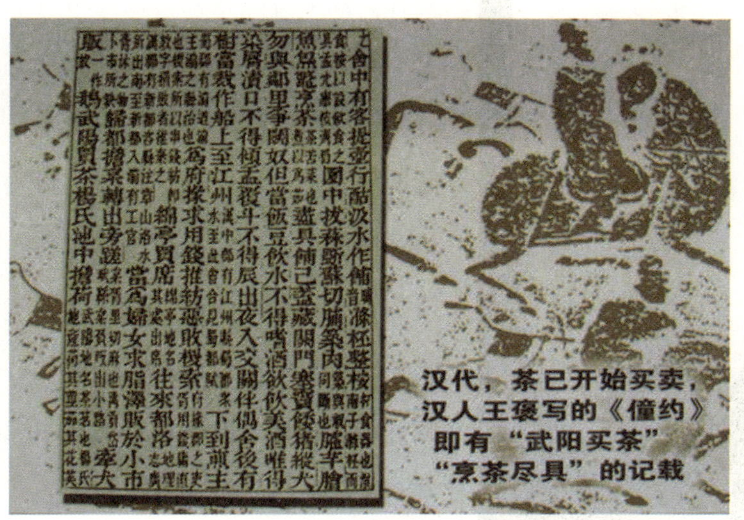

舍中有客提壺行酤汲水作餔滌杯整案
園中拔蒜斫蘇切脯築肉臛芋膾
魚炰鱉烹茶盡具已而蓋藏關門塞竇餧豬縱犬
勿與鄰里爭鬥奴但當飯豆飲水不得嗜酒欲飲美酒唯得
染脣漬口不得傾盂覆斗不得辰出夜入交關伴偶舍後有
樹當裁作船上至江州下到煎主
為府掾求用錢推紡惡敗
綿亭買席往來都洛
當為婦女求脂澤販於小市
歸都擔枲轉出旁蹉牽犬
販鵝武陽買茶楊氏池中擔荷

王褒的《僮约》

东汉陶茶碗

三国时期魏国张揖在《广雅》中记录茶叶的制造方法时提到了“捣末置瓷器中，以汤浇覆之，用葱、姜、橘芼之，其饮酒醒，令人不眠”，这反映了三国时期茶具的发展。近年的考古发现了魏晋时期的饮茶用具，说明饮茶之风在当时已盛行。东汉时期的瓷杯、瓷壶等茶具是目前经考古发现的最早的茶具。在发现的遗址和墓葬之中，南北朝时期的茶盏和茶托多有出土，以吉安县南朝齐墓中出土的茶托最为珍贵。茶托为黄白色胎，茶绿釉，开冰裂片。器形为浅盏，中有圆圈足，凸起约 2 厘米。茶具的专门化、精细化，出土的数量、种类之多，都反映了魏晋时期特别是南北朝时期饮茶的兴盛。

三国时期魏国玉杯

第二节　茶文化萌芽期的茶艺

在魏晋南北朝时期，奢侈的行为较为普遍。如《三国志》中记载，兵士与百姓都在追逐世俗，虽没有储存足够的粮食，却穿着绫罗绸缎，外出会客访友。而商贩富贾的人家，再加以金银首饰，奢侈行为更为严重。“时仓廪无储，世俗滋侈[1]”，描述的就是这种社会现象。

一、宫廷贵族“以茶代酒”倡朴示廉

上层社会盛行饮酒作乐，部分宫廷贵族为了表示其清廉不俗的操守，倡导节俭之风，便用品茗来代替饮酒。陆纳、桓温和齐武帝都把茶当作日常饮料，将其从药用、食用中分离，用来待客、祭祀。此时，茶的文化功能开始显示出来了。他们有的为表自己朴素廉洁的志向，有的为了解酒饮茶。饮茶在个别贵族之中已经变为一种爱好，是其生活中必不可少的一部分。

陆纳和桓温饮茶作宴

[1]　出自《三国志》。

孙皓以茶代酒

二、市井百姓“以茶代水”提神醒脑

饮茶在魏晋时期作为贵族倡朴示廉的行为，相较于酒而言，茶的价格低廉，故而饮茶在普通百姓中更加普及。前面介绍了王褒《僮约》的“武阳买茶”，而《广陵耆老传》中记载：“晋元帝时，有老妪每旦独提一器茗，往市鬻之，市人竞买。”《傅中丞集》中记载：“闻南方有蜀妪，作茶粥卖之，廉事毁其器具，使无为卖饼于市，而禁茶粥，以困老姥，独何哉？”从以上材料中可见，从西汉的“武阳买茶”到晋代的老妪卖茶，饮茶之风气在魏晋民间逐渐兴盛。在普通百姓中，饮茶有广泛的普及。百姓饮茶的文化政治意味淡化了，人们开始认识到饮茶的乐趣，喜欢上了饮茶。这不但是因为茶叶的价位适中，而且与清水相比，茶又有提神清醒等功效。

市井百姓饮茶

三、文人雅士"以茶会友"品茗寄情

饮茶习俗从宫廷贵族的"示廉"到普通百姓的广泛普及，自然也影响到了文人雅士。魏晋时期的动乱使得文人多怀着难以摆脱的矛盾心理，游戏人生，放浪形骸，饮酒、饮茶、服药就成为其宣世情绪的主要方式。王瑶先生的《文人与酒》《文人与药》解读了当时文人的心境，其实他们是通过饮酒、服药来增加生命的密度，追求物我两冥的自然之境，向往本真的生活。此时的文人不仅有"竹林七贤"寄希望于酒水、茶水的自然，亦有杜育、左思、张载等借茶来表达清新自然的诗人。他们饮茶，不图止渴、消食、提神，而在乎引人之精神入超凡脱俗的境界，于别情雅致的品茗中悟出点什么。茶人之意在乎山水之间、在乎风月之间、在乎诗文之间，希望有所发现、有所寄托、有所忘怀。

“竹林七贤”饮酒饮茶图

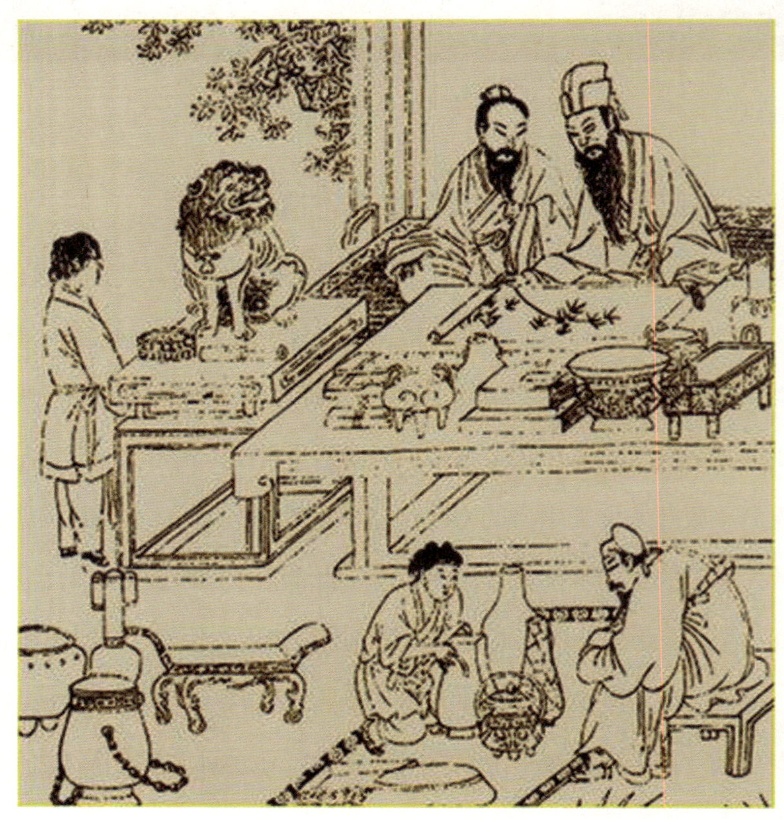

张载“以茶会友”图

四、佛门僧侣“以茶合禅”静虑悟道

自佛教从西域传入后，茶与佛便结合在一起。人们常说“名山有名寺，名寺出名茶”，僧侣阶层的饮茶习俗到魏晋南北朝时期有了较大的发展。《晋书·艺术传》中写道：“单道开，敦煌人也……日服镇守药数丸，大如梧子药，有松蜜桂茯苓之气，时服饮茶酥一二升。”这说明至少在晋代，佛门已经盛行饮茶了。魏晋时期佛寺广泛兴建，僧侣与茶联系得更紧密了。

禅茶悟道

佛家的禅宗与茶结合，使得饮茶文化开始萌芽。禅宗为梵文的音译，本意译成汉字为“静虑”，禅宗就是讲究通过静虑的方式来追求顿悟，而茶叶的性质如“调和内倦解慵除”“安心益气，少卧，轻身不老”“饮真茶，令人少眠”。茶使人清醒冷静，正与禅宗“静虑”结合，此时逐渐出现中国茶文化的萌芽，但尚未达到“禅茶一味”的境界。东晋名僧怀信《释门自镜录》序文的最后道："跣定清谈，袒胸谐谑，居不愁寒暑，食不择甘旨，使唤童仆，要水要茶。"这些都说明茶和佛教的关系密切，茶叶的兴盛，是在佛教的推动下发展的。"茶盛于唐宋"，到了唐代就明确提出"教学禅，务于不寐，又不夕食，皆许饮茶。人自怀挟，到处煮茶"。

禅茶一味

第三节　茶文化孕育萌芽期茶艺的特点

从以上的阐述可以看出，在中国悠久的饮茶历史上，魏晋南北朝时期是饮茶文化发展较快的一个时期。在这个时期，茶作为一种精神文化现象开始萌芽。前面分析了不同阶层的饮茶习惯，下面总结茶文化萌芽时期的饮茶独特的特点。

一、饮茶广泛，地域特征明显

在魏晋南北朝时期，饮茶得到了一定程度的发展，但人们的饮茶只是个别的爱好，茶还没有深入人的生活内部，酒仍是时人最重要的饮品。而且，饮茶的地域特征明显，先秦两汉时期在巴蜀之地发祥，魏晋时期主要集中在长江流域，其中，三国西晋时期在长江中游和华中地区，东晋和南朝时期则在长江下游和华南。《齐民要术》中并没有专门的茶的记载，只是将茶放在“非中国物产者”一卷内叙述，茶叶的主要产地集中在南方。因为产地的原因，大多数北方人在魏晋时期还没有饮茶习惯。《世说新语》中记载任育长南迁之后，不识茶茗，于是有“自南迁，便失态”的说法。

二、 形成了中国茶精神的萌芽期

茶饮具有清新、雅逸的天然特性，能静心提神，使得文人雅士乐于饮茶，借茶抒怀，表达自然真情；使得僧侣陶冶情操，去除杂念，修炼身心，参禅悟道；使得宫廷贵族借茶来表达清廉、俭朴之情。茶的精神意味得到了人们的认同，茶不仅作为一种饮品被人们接受，还作为一种精神而得到传播。

第三章

唐代茶文化形成期的茶艺

唐代茶艺历经东晋到南北朝的饮茶文化积淀，随着大唐政治、经济、文化的相对高度发展与社会安定，形成了具备丰富的物质和文化基础的唐代茶艺。唐代陆羽（733—804 年）在总结前人经验的基础上，结合自身的亲身实践，著述了世界上第一部阐述茶的著作——《茶经》。

第一节　形成期的茶艺特点

陆羽在《茶经》中十分详尽地阐述了唐代饮茶方式的主流，对茶的采摘、制作、饮用进行了细化。形成期的饮茶方式主要为煎茶，包括炙茶、贮茶、碾茶、罗茶、择水、烹水煎茶等步骤。这个时期的饮茶特点如下。

一、茶水之异于地域

唐代饮茶之风的兴起，使得全国许多地方开始生产茶叶。根据陆羽《茶经》记载，当时的主要产茶区有 42 个，涉及现在的 17 个行政划分省份，即西北至安康，北至淮河南岸的光山，西南至云贵的西双版纳和遵义，东南至福建的建瓯等，南至岭南的两广。因各地的气候环境不一、地理位置迥异，加上风土人情和种植方法有差异，所产出的茶叶也呈现出不同的特质。唐人在煎茶过程中，总结出了茶与水的煎煮关系，择水当选与产茶地相宜的水。故而，中国茶文化自唐代开始，饮茶讲究茶水相宜，茶与水的融合，各地风格迥异。

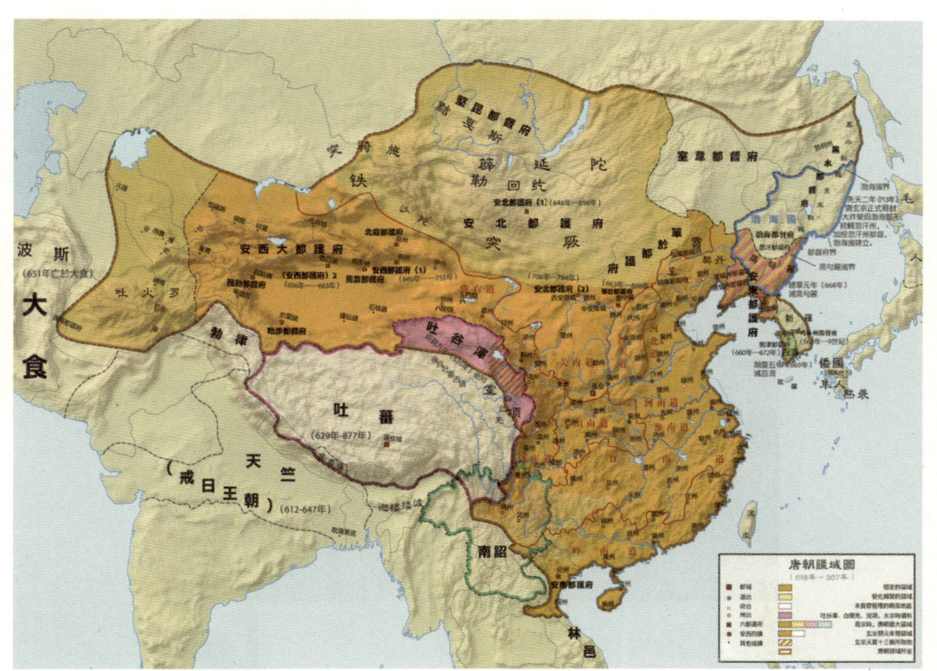

唐朝行政区域划分图

二、茶汤之异于细节

唐代与南北朝时期饮茶的不同，表现在由汤茶改为煎茶，调味料由葱、姜改为少量盐花，进一步深化与细化了影响茶汤品质各方面因素的认识。如唐人开始认识到不同水质、不同沸水程度对茶汤质量的影响，不同产地茶碗对茶汤汤色的影响等细节。

煎茶图式

煎茶图

三、烹饮之异于蒸制

唐代盛行蒸制茶叶，陆羽以蒸茶方式的不同将茶叶分为粗茶、散茶、末茶和饼茶，其中蒸青饼茶较为盛行。这四种茶的烹饮方法都不同，分别为乃斫[1]、乃熬、乃炀[2]、乃舂[3]。可以证明，唐代人们开始重视茶叶的制作方法和过程，不同的制作方法产出的茶叶，采用不同的煮饮方式。

第二节　形成期的制茶方法

唐人讲究采茶的时机，春茶当在旧历二至四月间的晴天采摘，雨天、阴天不能采。要采嫩叶刚出、几个枝节中拔出的，并且要在凌晨带露采摘。采茶之后，制作的工序是：蒸、捣、拍、焙、穿、封等。茶的形状多种多样，鉴别茶的质量，只看外表、色气言茶好或不好，就不会得出正确的答案。除了眼观、鼻嗅之外，还要用嘴品一品。陆羽还根据当时的饮用习惯，对茶叶品质的要求等辩证地提出茶叶外形、色泽产生的一些原因，对鉴评和提高茶叶的品质也很有价值。

一、粗茶制茶方法

把采摘来的茶叶不分叶、枝、埂等，一起用刀切碎，放入锅中煮饮，陆羽称之为“斫”茶。

[1]　斫：zhuó，大锄；引申为用刀、斧等砍。

[2]　炀：yáng，熔化金属；火旺；烘干，烤火；古代谥法，去礼远众称“炀”。此处选第三种释义。

[3]　舂：chōng，把东西放在石臼或乳钵里捣掉皮壳或捣碎。

粗茶

二、散茶制茶方法

散茶是采摘细嫩芽叶，经蒸青后烘干或炒干的松散状芽茶或叶茶。将其直接放入锅中煮汁饮用，陆羽称之为“熬”茶，如陆希声《茗坡》：“二月山家谷雨天，半坡芳茗露华鲜。春醒病酒兼消渴，惜取新芽旋摘煎。”

散茶

三、末茶制茶方法

末茶是采摘茶鲜叶，经蒸茶、捣茶后，将捣碎的茶烘干或晒干而成的细碎末状茶。将其煮饮，陆羽称之为“炀”茶。

末茶

四、饼茶制茶方法

（一）采摘茶叶

茶叶的采摘多在清晨进行，从张籍《茶岭》所记“自看家人摘，寻常触露行”，皮日休《茶籯》诗中“开时送紫茗，负处沾清露”，郑谷《峡中尝茶》诗有“簇簇新英摘露光，小江园里火煎尝”等都可看出。采茶所用的茶篮，多为竹制，唐人称之为“籯”。

斑竹茶籯

（二）蒸茶

蒸茶时，常是釜中盛水，水中放甑，甑有木制和陶制两种，甑中吊放一小竹篮，用来盛鲜茶叶，烧火将水烧干即可。将蒸好的茶叶取出来后再倒入甑中，用桑木制的三叉加以搅拌，目的是让里面的茶叶不致因挤压而流失膏汁。蒸茶的灶多是专用的，形状比较特殊，常设在茶山里。

甑

（三）捣茶

捣茶所用的工具为“杵臼”，又叫“碓”，是把蒸好的茶叶放入碓中捣烂。捣茶又叫研茶。研茶所用的工具叫“研”，为盆状，内壁带棱（或叫“槽”），多为陶制。

杵臼

（四）拍茶

拍茶即将捣过的茶膏，放在一定形状的模子里拍制成茶饼。模子专门用于制茶，当时称“规”，以铁制成，形状多样。如陆龟蒙《茶焙》：“左右捣凝膏，朝昏布烟缕，方圆随样拍，次第依层取。”茶饼制成后，退出茶模，排放在竹席上，竹席称“芘莉”，并在茶饼上穿一个洞（称“穿眼”），穿眼的工具称“锥刀”。还有一种工具称“朴”或“鞭”，用来刮去黏在锥刀上的茶糊。

（五）焙茶

焙茶即烘焙茶饼，通常是在地上挖一个二尺深、二尺半宽、十尺长的坑，四周砌上高二尺的矮墙，用泥抹平，或用砖砌成焙灶。灶上用木编成二层架，称“棚”或“栈”，上层叫上棚，下层叫下棚。用竹子做成的长筷，长约二尺半，叫作“贯”，用于穿茶饼并将其放在棚中，茶叶初焙时放于下棚，焙干后放于上棚，务必去尽水分。

焙茶

（六）穿茶

茶饼烘干后，要穿成一串，以便贮存和运输。穿茶饼所用的绳索也称“穿”。“穿”也是计量单位，也称“串”，一穿的重量因地而异。绳索所用的材料也因地而异，如江东、江南一带多用竹制；巴山、峡州一带多用篾青搓绳。

穿茶

（七）封茶

封茶也就是贮存茶饼，所用的工具称“育”。育用木制成，用竹编围四周，再用纸裱糊；里面分隔层，上有盖，下有架，一侧开门。将茶饼放入育内的上层，下层空当置一贮火器，平常置热灰，梅雨时节放微燃的炭火。一些选料精细、加工讲究的高档茶，多是供富人或士大夫之类人饮用和馈赠之用，商人对此多有特别的包装，如用丝织品、玉盒等。

另外，陆羽在总结唐时盛行的蒸青紧压茶的制作工艺时，还列举了制作过程中有关采、制、贮藏茶叶的十多种器具，并详述了每种器具的具体形状、使用要求和方法。这些器具分别是：灶，制茶烘干茶的工具；甑，蒸茶时用的屉；杵臼，又叫碓，捣具；规，用铁制成的模具；承，又叫台或砧子，用石头做成，也有的用槐、桑木半埋在地下，不使其摇动；檐，又叫衣，用旧的绢、雨衫、单衣等制成，即苫布；芘莉，晾茶的屉状工具；棨[1]，串茶叶的锥刃；朴，串茶的竹编绳子；焙，烘茶的坑灶；贯，用竹

[1] 棨：qǐ，古代官吏出行的一种仪仗，木制，形状似戟。

子削成的长二尺五寸、用来穿茶烘焙的工具；棚，晾茶的棚子，在焙上分两层，全干的茶叶在上棚，半干的茶叶在下棚；穿，包装团饼茶的器具，江南东部和淮南地区用剖开的竹子做，巴山、峡川一带用韧性大的构树皮做。如今，陆羽时代所用的这些器具基本上被其他半机械和机械化的器具所代替，但《茶经》的记载，对于我们了解制茶器具的演变、革新和发展是大有帮助的。

第三节　形成期的饮茶艺术——煎茶茶艺

一、煎茶茶艺概说

我们的祖先最先是把茶叶当作药物，从野生的大茶树上砍下枝条，采集嫩梢，先是生嚼，后是加水煮成汤饮。大约在秦汉时期以后，出现了一种半制半饮的煎茶法，此时沏茶已由原来用新鲜嫩梢煮作羹饮，发展到将饼茶先在火上灼成“赤色”，然后斫开打碎，研成细末，过罗倒入壶中，用水煎煮，尔后，再加上调料煎透的饮茶法。

在煎茶前，为了将饼茶碾碎，就得烤茶，将饼茶在高温下持续地用火烤，并且经常翻动，使其受热均匀，烤到饼茶呈“虾蟆背”状时为适度。烤好的茶要趁热包好，以免香气散失，等到饼茶冷却后再研成细末。煎茶需用风炉和釜作烧水器具，以木炭和硬柴作燃料，再加鲜活山水煎煮。煮茶时，当烧到水有“鱼目”气泡、“微有声”时，加适量的盐调味，并除去浮在表面、状似“黑云母”的水膜，否则味道不正宗。接着继续烧到水边缘气泡“如涌泉连珠”时，先在釜中舀出一瓢水，再用竹筴在沸水中边搅边投入碾好的茶末。如此烧到釜中的茶汤气泡如“腾波鼓浪”时，加进舀出的那瓢水，使沸腾暂时停止，以“育其华”。这样茶汤就算煎好了。同时，主张饮茶要趁热连饮，因为“重浊凝其下，精华浮其上”，茶一旦冷了，“则精英随气而竭，饮啜不消亦然矣”。饮茶时舀出的第一碗茶汤为最好，称为“隽永”，以后依次递减，到第四五碗以后，如果不特别渴，就不值得喝了。

二、煎茶饮茶法

（一）煮饮法

取茶适量，用沸水润茶后，再用冷水煮沸，停火滤茶后，分而饮之。

煮茶图

（二）熬饮法

茶入壶熬成浓汁，再兑开水饮用。

熬饮

（三）烤饮法

青茶入瓦罐内干烤起泡、透发茶香，然后冲水饮汁，茶味香浓。

烤饮

（四）擂饮法

青茶入锅加油炒燥后，放入擂钵中，与芝麻、花生、黄豆等食品共同擂成细末，入锅煮沸饮，别有农家风味，是中国古饮法之一，至今在西南各省山区仍很流行。

擂饮

三、煎茶器材

1. 生火的用具：包括风炉、灰承、筥、炭挝和火筴五种。

2. 煮茶的用具：有鍑、交床等。

3. 烤茶、碾茶和量茶的用具：有夹、纸囊、碾槽、拂末、罗合和则六种。

茶则

4. 盛水、滤水和取水的用具：有水方、滤水囊、瓢和熟盂四种。

5. 盛盐、取盐的用具：有鹾簋[1]和揭。

6. 饮茶的用具：有碗和札。茶碗，即茶瓯。皮日休《茶瓯》：“邢客与越人，皆能造兹器。”陆龟蒙《茶瓯》：“岂如圭璧姿，又有烟岚色。光参筠席上，韵雅金罍侧。”

7. 盛器具和盛摆设的用具：有畚、具列和都篮。

8. 清洁用具：有涤方（贮洗涤过的水）、滓方（盛茶渣用）和巾（用粗布制成的擦茶具用的洗巾）。

煎茶具组

[1] 鹾簋 :cuó guǐ，盛盐的器皿。

四、煎茶选水

唐人品茶时，对水的要求颇高，认识也颇丰，这在一些文献中能见到，从现代科学的观点来看，煎茶选水要求高也是合理的。煮茶的水，用山水最好，其次是江河的水，井水最差。山水，最好选取乳泉、石池漫流的水（这种水流动不急），奔涌湍急的水不要饮用，长期喝这种水会使人颈部生病。几处溪流汇合，停蓄于山谷的水，虽澄清，但不流动，从热天到霜降前，也许有龙潜伏其中，水质污染有毒，要喝时应先挖开缺口，把污秽有毒的水放走，使新的泉水涓涓流来，然后饮用。江河的水，要到离人远的地方去取；井水要从有很多人汲水的井中汲取。

（一）名人论水

唐代陆羽将水分为不同等次，记载详细，范围广阔。除了长江中下游外，还西到商州，即今之陕西省商县；南到柳州，今属广西管辖；北到唐州柏岩县淮水发源处，即今之豫西桐柏山区。陆羽把天下的水分为二十等，依次为：庐山康王谷水帘水；无锡县惠山寺石泉水；蕲州兰溪石下水；峡州扇子山下的蛤蟆口水，“有石突然，泄水独清冷，状如龟形，俗云虾蟆口水”；苏州虎丘寺石泉水；庐山招贤寺下方桥潭水；扬子江南零水；洪州西山西东瀑布水；唐州柏岩县淮水源；庐州龙池山岭水；丹阳县观音寺水；扬州大明寺水；汉江金州上游中零水；归州玉虚洞下香溪水；商州武关西洛水；吴淞江水；天台山西南峰千丈瀑布水；郴州圆泉水；桐庐严陵滩水；雪水。张又新在《煎茶水记》中记载了这个被广为传诵的故事和茶水排品录，突出渲染了陆羽的品水本领，肯定了他通过调查研究和实地考察，提出泡茶之水高下优劣的开创精神。《煎茶水记》所载内容为人们广为传闻。《煎茶水记》有其独特的价值：一是对于品茶用水提出了一些高于旁人的看法，

庐山康王谷水帘

如书中提出，茶汤品质的高低与泡茶之水有关系，水的性质不同会影响茶汤的色、香、味；二是《煎茶水记》首开古人饮茶用水理论的先河。在唐代以前，煎茶用水还没有引起充分的注意，自然也没有留下文字记载，是《煎茶水记》最早载录了煎茶用水，并以刘伯刍和陆羽的见解昭示后人，丰富和补充了《茶经》关于煮茶用水的内容。

（二）水土之宜

今人万国鼎道："天下水诚有美恶，以所含矿质不同也；然以天下之大，欲举而一一次第之，谈何容易。雨雪之水纯洁，虽不若著名山泉之甘厚，远胜普通井水之苦涩，而又新以雪水居末，宜陈氏《书录解题》斥为尤不可晓也。至又新所记陆羽辨南零水事，尤属怪诞。夫两水合置一器，未有不溶和者，而犹分上半为临岸之水，下半始为南零水，悖物之理矣。"烹茶用水不必过分拘泥于名泉名水，茶产在什么地方就用什么地方的水来煎烹，得水土之宜，便能泡出好的茶味。再好的水运到远处，它的功效只能剩下一半。人们对茶的色、香、味越来越讲究，对用水的要求也越来越高。

五、煎茶煮水

唐人煎水有“三沸”之说，用三沸水煎出的茶叫作“三沸之汤”。

（一）鱼目沸

水煮沸了，有像鱼目的小泡，有轻微的响声，称作“一沸”。李群玉《龙山人惠石廪方及团茶》：“滩声起鱼眼，满鼎漂清霞飞。”如果细分，还可以将水刚开始沸时稍小的水泡，称为“蟹眼”，之后出现的较大水泡，才为“鱼眼”，如皮日休《煮茶》：“时有蟹目溅，乍见鱼鳞起。”

（二）连珠沸

锅的边缘有泡像连珠般地往上冒，称作“二沸”。皮日休《煮茶》：“杏泉一合乳，煎作连珠沸。”

（三）鼓浪沸

水波翻腾，称作“三沸”。水若再继续煮，水味老了，味就不好，也就不宜饮用了。开始沸腾时，按照水量放适量的盐调味，切莫因无味而过分加盐，否则，茶味尽失。第二沸时，舀出一瓢水，再用竹筴在沸水中转圈搅动，用“则”量茶末沿沸水漩涡中心倒下。过一会儿，水大开，波涛翻滚，水沫飞溅，即出现沫饽，把刚才舀出的水掺入，使水不再沸腾，以保养水面生成的“华”。在诗文中，多把“华”写作“花”来表示沫饽，如刘禹锡《西山若兰试茶歌》：“骤雨松风入鼎来，白云满碗花徘徊。”《尝茶》：“今宵更有湘江月，照出霏霏满碗花。”

六、煎茶品茶

第一次煮开的水，须将浮在表面的像黑云母一样的膜状物去掉。此后，从锅里舀出第一道水，其味美且长，谓之“隽永”，通常贮放在“熟盂”里，以作育华止沸之用。以下第一至三碗的茶汤，味道略差些。第四五碗之外的茶汤，要不是渴得太厉害，就不值得喝了。一般烧水一升，分作五碗，趁热接着喝完。因为重浊不清的物质凝聚在下面，精华浮在上面，如果茶一冷，精华就随热气跑光了。茶要是喝得太多，也同样不好。

喝时，舀到碗里，让“沫饽”均匀。“沫饽”就是茶汤的“华”。薄的叫“沫”，厚的叫“饽”，细轻的叫“花”。“花”的形态，很像在圆形的池塘上浮动的枣花，又像回环曲折的潭水、绿洲间新生的浮萍，还像晴朗天空中的鳞状浮云。那“沫”，好似青苔浮在水边，又如菊花落入杯中。那“饽”，在煮茶的渣滓时，水一沸腾，面上便堆起很厚一层白色沫子，白白的像积雪一般。《荈赋》中讲其“明亮像积雪，光彩如春花”，真是这样。

沫饽

宋代茶文化兴盛期的茶艺

宋代是饮茶之风兴盛的时代，饮茶方式多种多样，如点茶法、斗茶法、分茶法、煮茶法、煎茶法和泡茶法等。自唐代至明代，中国茶艺不断发展，到清代基本定型。宋代的饮茶方法具有承上启下的作用，其饮茶技艺具有鲜明的特性，在中国茶文化发展史上占有重要地位。点茶技艺从宋代传入日本后，即为日本茶道的源头。

第一节　兴盛期的茶艺特点

宋代茶文化在继承前代的基础上，又有自身发展的独特性。点茶法和贡茶的发展、斗茶的兴盛、茶品的研制和比争活动，直接促进了宋代制茶工艺的提高和茶著的增多。市民茶文化的兴盛为宋代茶文化增添了新的元素。茶艺和有关茶的礼仪，以及由茶艺结合儒释道精神升华之茶道，由此展现了宋代茶文化特有的韵味和气质。宋代诸多的茶类诗词、歌赋、对联及茶专著等书面形式的茶文化，对饮茶之风起到了重要的宣传和助推作用。

一、创立了点茶法，斗茶之风盛行

唐代饮茶的方法主要为煮茶法，但已有点茶法的出现。到了宋代，点茶法便开始兴盛起来。点茶的标准以汤色白和无水痕为最佳。饮茶方式由唐代的煎茶法演变成点茶法，用水注冲点抹茶并用竹筅将其搅拌成泡沫，使饮茶更具娱乐性，并由此产生了比试点茶技艺的活动——斗茶。斗茶之风在唐代就形成于闽北，宋代达到了空前的兴盛，并遍及全国。斗茶就是比试茶的汤花（泡沫）色泽是否纯白，保存的时间是否持久（咬盏）等的一种技艺。斗茶的兴盛很好地推动了宋代制茶技术的提高和茶业的发展。

宋代点茶图

斗茶是在品茶的基础上发展起来的。品茶也称品茗，由主人邀请三五知己，将泡好的茶，盛在小酒杯一样大小的茶盅内，像饮酒那样细细品尝。斗茶则与此不同。斗，惠州话有争斗的意思，也有在争斗中争强获胜之意。当时一个文化水平较高的私塾老师曾以“较筐箧之精，争鉴裁之别”来概括斗茶的含义。参加斗茶的人，要各自献出所藏名茶，轮流品尝，以决胜负。

比赛内容包括茶叶的色相与芳香度、茶汤的香醇度、茶具的优劣、煮水火候的缓急等。斗茶要经过集体品评，以上乘者为胜。

斗茶的场所，一般多选在比较有规模的茶叶店。这些店大多分前后二厅，前厅阔大，是店面；后厅狭小，兼有小厨房——便于煮茶。有些还兼有房间，老板及家人住在里头。当然，一些街坊、工友好此道者，几个人小聚谈到茶道，也有说斗就斗的。有些人家有较雅洁的内室或花木扶疏的古旧庭院，或其家临江、近西湖的，便都是斗茶的好场所。

斗茶图

二、产生了茶文化精粹——分茶

点茶法使饮茶具有很强的娱乐性，同时经常性地开展比试点茶技艺的活动——斗茶，即促使点茶的技艺不断创新，由此产生了能在茶汤中形成文字和图像的技艺——分茶。在宋徽宗和一大批文人、僧人的推崇下，宋代把分茶做到了极致，也将中国茶文化推向了历史高潮。

分茶始于北宋初年。分茶是表现力丰富的古茶艺，它是用泡沫表现字画的独特的艺术形式，适用于表现中国字画。它使中国字画的表现形式由单一的固态发展到液态，是固态向液态的飞跃，具有不可替代的艺术价值。

分茶又称茶百戏、汤戏或茶戏。杨万里有一首《澹庵坐上观显上人分茶》诗，记述了他观看显上人玩分茶时的情景，十分详尽而生动。诗云：“分茶何似煮茶好，煎茶不似分茶巧。蒸水老禅弄泉手，隆兴元春新玉爪。二者相遇兔瓯面，怪怪奇奇真善幻。纷如擘絮行太空，影落寒江能万变。银瓶首下仍尻高，注汤作字势嫖姚。”茶、水相遇，在兔毫盏的盏面上变幻出奇奇怪怪的画面来，有如淡雅的丹青，或似劲疾的草书。北宋初年，陶谷在《荈茗录》中说到一种叫“茶百戏”的游艺：“茶至唐始盛，近世有下汤运匕，别施妙诀，使汤纹水脉成物象者。禽兽虫鱼花草之属，纤巧如画，但须臾即就散灭。此茶之变也，时人谓茶百戏。”陶谷所述“茶百戏”便是“分茶”，“碾茶为末，注之以汤，以筅击拂”，此时，盏面上的汤纹水脉会变幻出种种图样，形若山水云雾，状似花鸟虫鱼，恰如一幅幅水墨图画，故也有“水丹青”之称。

分茶图

由于分茶要使茶汤汤花在瞬间显示出瑰丽多变的景象，因此需要较高的沏茶技艺。一是用“搅”创造出来的汤花形象，二是直接用“点”使汤面形成汤花。宋代沏茶崇尚用“点”茶法，点茶其实就是注茶，即用单手提执壶，使沸水由上而下，直接将沸水注入盛有茶末的茶盏内，使其形成变幻无穷的物象。因此，注水的高低，手势的不同，壶嘴造型的不一，都会使注茶时出现的汤面物象形成不同的结果。

三、提高了茶叶和茶具的质量

由于皇帝和文人对点茶、分茶和斗茶的推崇，对茶叶和点茶工具的质量有了很高的要求，在建安等地设立了专门的贡品生产基地，朝廷派官员监制，极大地提高了茶叶和茶具的质量。

四、产生了茶学专著

宋代的茶学专著比唐代多，其中较著名的有宋徽宗的《大观茶论》、蔡襄的《茶录》、熊蕃的《宣和北苑贡茶录》等。

五、设置了茶马司

由于茶马贸易的旺盛，宋代朝廷开始设茶马司，专门负责以茶叶交换周边各少数民族马匹的工作。由于马匹是重要的战备物资，设置茶马司便于朝廷控制各少数民族地区，同时，茶马贸易也促进了对少数民族的文化推广，特别是茶文化的推广，并由此逐步产生了专供少数民族地区的茶叶——黑茶（边茶）。

第二节　兴盛期团饼茶的制茶方法

在唐代以前茶叶方面的文献中，未见到有关于茶叶制作方法的记述。直到唐代茶叶的制作方法在全国才基本趋于完备、统一。陆羽著述的《茶经》对茶叶的采制方法进行了比较详细的叙述。但是随着时间的推移，茶叶的制作方法日益精深，造型日益新颖。其由普通研膏串饼茶，发展到表面光洁的蜡面茶，并在饼茶的上面饰以精美的图案。后来宋代在贡茶制作中，又选择品质好的原料将其制成京铤，有的在表面印成龙凤图案制成龙凤茶，以与普通百姓所饮的茶叶区别开来。以后又将生长在石崖间、枝叶茂盛的茶树的芽叶制成石乳、白乳，这些茶一出，蜡面茶就显得低劣了。后来贡茶精益求精，又制作出小龙凤团茶、密云龙茶、瑞云翔龙茶等茶，大龙凤团茶又显得落后了。等到三色细芽制出，瑞云翔龙茶也变得相形见绌了。最后，郑可简创制银线水芽，即茶芽蒸熟以后，将外面一层剥去，取其心部一缕细嫩茶芽制成上面有小龙蜿蜒的“龙园胜雪”茶，至此蒸青团饼茶的制作工艺已达到了登峰造极的地步。宋代各种团饼茶的制作，可分为采茶、拣茶、蒸茶、榨茶、研茶、造茶、过黄七个过程，每个过程的操作都是十分精细的。

一、采茶

宋代茶叶采摘，以早为贵。如福建建安北苑气候比较温和，特别是壑源山头的茶叶，暖和的年份惊蛰前十日即可发芽；寒冷的年份，惊蛰后五日也可发芽。《苕溪渔隐丛话》谈到北苑造茶之事，说“其地暖，才惊蛰，茶芽已长寸许”。但是从品质而言，当时也知道先芽者气味俱不佳，唯过惊蛰者为第一。所以贡茶也认为第一、二纲太嫩，第三纲最妙，但为了抢新赶制不得不提早开园。至于长江流域地带的茶叶采制最早也得在清明前后，古人谓之火前火后。

采茶对时间和方法的要求是十分严格的。早上天刚亮就得上山采茶，太阳一出来就得停采。因为当时认为早上露水未干，茶芽肥润，若太阳出来，茶叶为阳气所薄，使芽之膏汁内耗，茶叶受水后则不鲜明。这一论点在今日看起来是不够科学的。在采制贡茶时，为了集体行动，常于五更击鼓催众上山，鼓声声闻数里，数千人蜂拥而上，颇为壮观。熊蕃诗“伐鼓危亭惊晓梦，啸呼齐上苑东桥”对此作了生动描述。到了辰刻，则鸣锣催促采茶的人回来。

摘茶时，断茶用指甲不用手指。因为以指甲可以做到速断而不揉，用手指则多温而易损，又恐汗气熏渍而不鲜洁，所以采茶的人常常带着一个木桶，里面装上清洁泉水，茶芽摘下后，就将它储放在水中。这种处理方法在今日炒青绿茶的制法中都是嫌忌的。因为高档细茶采摘时用指甲摘断，基部细胞受损伤容易发红。而采茶叶的天气都要求在晴天，如果是雨水叶就做不出好茶来，更不用说将茶芽浸放在水中了。可能是当时茶叶采制数量少，制茶人手多，能够做到现采现制，又是用蒸气杀青，对品质不会有影响之故。

二、拣茶

因为茶芽刚刚萌发，采下的芽叶常常含有鱼叶，古人称之为白合；茶芽与枝头着生的接合处茎的基部，常有一棕黑色乳头状物，称为乌蒂。这两种东西混在芽叶中对其品质很有影响。白合不去则茶味苦涩，乌蒂不去则茶色黄黑而恶。此外，还有紫芽及不合格的较大芽叶。所以茶叶采回来以后，还要拣剔一次，将这些对茶叶品质有影响的东西剔除。唐代茶叶生产从采摘茶叶到制成茶饼共有七道工序：“采之、蒸之、捣之、拍之、焙之、穿之、封之”。蒸茶为第二道工序，利用高温高压蒸汽将茶蒸热，使梗、叶变软，以利于压制成型。宋代贡茶在采摘之后、蒸制之前，还要比唐茶多一道工序：拣茶。拣茶是对茶鲜叶进行处理。

拣茶

三、蒸茶

利用高温高压蒸汽将茶蒸热，使梗、叶变软，以利于压制成型。蒸茶工具有灶、釜、甑、叉，其制作材料分别为土、铁、木、瓦、竹。茶芽在蒸制以前，要放在清洁的容器内再三洗涤干净，然后薄摊于甑内，待锅内水沸腾以后，放在上面蒸。蒸的时候，茶叶既不能不熟，又不能过熟，要求适度。不熟则颜色青，泡饮时易沉，香味出现草木之气或桃仁之气；过熟则色黄而味淡。若芽叶蒸烂了，则茶叶不易胶黏。只有蒸至适度的茶叶味才甘香。但就过熟与不熟两者比较，则前者胜于后者，因为它的甘香味比较好。

蒸茶

四、榨茶

蒸熟的茶芽谓之“茶黄”，需立即用冷水淋洗几次，使它迅速冷却。将茶叶放入小榨中榨去水分。再把茶叶外面用布帛包起来，最外层束以竹片，放入大榨内压榨，除去膏汁。压至半夜，要取出来揉匀一次，再如前面一样，放入大榨中复压，叫作翻榨。通过一晚的大力加压，直至将叶片榨干为止。膏尽的茶叶颜色有如干竹叶之色。建茶不比其他地方的茶，有味远而力厚的特点，如去膏不尽，则出现色浊、味重而带苦的毛病。如果是盖在饼底面的一层茶叶就不必榨得那么干，以保持光润美观，易于出售。所以黄儒在《品茶要录》中说：“唯饰首面者，故榨不欲干，以利易售。”但是浙江、安徽、江西长江流域一带省份的茶叶，因滋味没有建茶浓厚，压榨时就不一定要压得那么干，所谓“江茶畏流其膏”是也。

榨茶

五、研茶

研茶的工具，用柯木为杵，以瓦盆为臼。茶在挤榨的过程中，已干透没有水分了，因此，研茶时每个团茶都得加水研磨，水是一杯一杯地加，同时也有一定的数量限制。质量愈高者加水愈多杯，如胜雪、白茶等加十六杯，每杯水都要等水干茶熟才可研磨，研磨愈多次茶质愈细，因此，宋代可用茶末直接烹點，茶末可连同汤一起饮用。除了小龙凤团茶加水四杯，大龙凤团茶加水两杯外，其他均加十二杯水。

研茶的工作得选择腕力强劲之人来做，但加十二杯水以上的团茶，一天也只能研一团而已，可见其制作的费时、费事了，然其质量的精细也是唐代团茶所望尘莫及的。

研茶器具

六、造茶

蔡襄《茶录》对造茶过程有如下记载："新采，拣去老叶及枝梗碎屑。锅广二尺四寸。将茶一斤半焙之，候锅极热，始下茶急炒，火不可缓。待熟方退火，撤入筛中，轻团那数遍，复下锅中。渐渐减焙干为度。中有玄微，难以言显。火候均停，色香全美，玄微未究，神味俱疲。"

造茶

七、过黄

过黄为中国古代饼茶制作工序。宋代赵汝砺《北苑别录》："茶之过黄，初入烈火焙之，次过沸汤之，凡如是者三，而后宿一火，至翌日遂过烟焙焉。"在干燥过程中，为去掉茶叶的苦涩味，而用沸水浸提。然后迅速冷却，再用文火慢慢焙干，否则茶叶暗无光泽。现代茶叶加工已不再采用此工序，但对于加工某些低档茶，对改善其滋味尚有一定借鉴作用。

第三节　兴盛期的饮茶艺术——点茶茶艺

一、点茶茶艺概说

点茶是唐、宋时的一种煮茶方法。点茶是分茶的基础，所以点茶法的起始不会晚于五代。点茶，也常用来在斗茶时进行。它可以在两人或多于两人之间进行，但也可以独个自煎（水）、自点（茶）、自品，它给人带来的身心享受，能使人回味无穷。和唐代的煎茶法不同，点茶法是将茶叶末放在茶碗里，注入少量沸水调成糊状，然后再注入沸水，或者直接向茶碗中注入沸水，同时用茶筅搅动，茶末上浮，形成粥面。其实，点茶就是把茶瓶里烧好的水注入茶盏中。具体操作是：在点茶时，先用瓶煎水，对候汤的要求与唐代是一样的；而后将研细的茶末放入茶盏，加入少许沸水，先调成膏，所谓调膏，就是视茶盏大小，用勺挑上一定量的茶末放入茶盏，再注入瓶中沸水，将茶末调成浓膏状，以黏稠为度；接着就是一手点茶，通常用的是执壶往茶盏点水，点水时，要有节制，落水点要准，不能破坏茶面；与此同时，还要将另一只手用茶筅旋转打击和拂动茶盏中的茶汤，使之泛起汤花(泡沫)，称为“运筅”或“击拂”。在实际操作过程中，注水和击拂是同时进行的。所以，严格来说，要创造出点茶的最佳效果：一是注意调膏，二是有节奏地注水，三是茶筅击拂得视情况而有轻重缓急的运用。只有这样，才能点出最佳效果的茶汤来。而这种高明的点茶能手，被称为“三昧手”。北宋苏轼《送南屏谦师》诗曰：“道人晓出南屏山，来试点茶三昧手。”

二、点茶备器

宋代茶艺，处处体现了理学的影响，连器具亦不例外，如烘茶的焙笼叫“韦鸿胪”，自汉以来，鸿胪司掌朝廷礼仪，茶笼以此为名，礼仪的含义便在其中了。碎茶的木槌称作“木侍制”；茶碾称作“金法曹”；罗合称作“罗枢密”；茶磨称作“石转运”；连擦拭器具的手巾都起了个高雅的官衔，称作“司职方”。且不论这些名称所表达的礼制规范是保守还是进步，其中的文化内涵则一目了然。可见，中国古代茶具不是为繁复而繁复，而是主要表达一定的思想观念。宋代全套茶具以“茶亚圣”卢仝名字命名，叫作“大玉川先生”。足见，仅以使用价值来理解古代茶器是难得要旨的。

点茶的主要茶具有茶炉、茶磨（古人称石运转，用于碾茶）、茶臼（用于捣碎饼茶）、茶帚、茶罗（筛茶用）、茶瓶（煎水用）、茶筅（用于搅拌茶汤）、茶盒、茶勺、茶盏、茶巾、水盂等。

点茶茶具

三、点茶备茶

（一）烤茶

用高温“持以逼火”，并且经常翻动，“屡其正”，否则会“炎凉不均”，烤到饼茶呈“虾蟆背”状时为适度。烤好的茶要趁热包好，以免香气散失。烤茶起到干燥的作用。

（二）碾茶

碾茶是初制蒸青茶，道理上和煎茶差不多。简单来讲，其区别是煎茶要将茶叶做成条状，要求形状好、颜色好、有光泽；而碾茶在此时期的目的是把茎和叶分开，不追求形状和光泽，注重颜色和香味。

（三）烘茶

因茎和叶的含水量不同，表面积不同，又没有经过揉捻，所以干燥速度有快慢之分。干燥出来的茶叶往往茎还没有干，而叶片已经很干了，故需要分开再烘。

四、点茶选水

随着经验的积累，嗜茶之人已经非常注重择水煮茶了。到了宋代，茶人就开始从理论上提炼和总结茶与水的关系。比如，宋代茶人苏廙在《仙芽传》第九卷《十六汤品》一文中就明确指出："汤者，茶之司命。若名茶而滥汤，则与末同调矣。"意思是说，水是煮茶的关键，如果好茶没有用好水煮，那就跟普通茶的味道没有区别。总结古人评判水质的标准，主要有以下三点。一是水要"甘冽"。宋代蔡襄在《茶录》中指出："水泉不甘，能损茶叶。"凡甘泉之水皆有清凉感。二是水要"鲜活"。所谓"鲜活"是指新取的有源溯之水。宋代唐庚的《斗茶记》指出："水不问江井，要之贵活。"三是水要"轻洁"。所谓"轻"是相对"重"而言的，好水"质地轻，浮于水"，劣水"质地重，沉于下"。从宋徽宗赵佶到乾隆皇帝，都视"轻"为好水的重要标准。

总之，宋代饮茶取水以清、轻、甘、洁为美。赵佶在《大观茶论》中讲："轻甘乃水之自然，独为难得。古人品水，虽曰中泠惠山为上，然人相去之远近，似不常得。但当取山泉之清洁者。其次，则井水之常汲者为可用。若江河之水，则鱼鳖之腥，泥泞之污，虽轻甘无取。凡用汤以鱼目蟹眼连绎并跃为度。过老则以少新水投之，就火顷刻而后用。”为了让宜茶之水达到洁净甘洌的优质程度，宋人总结了一些净化水质的“洗水”办法，即沙石过滤法，用小石子或细砂将水过滤后使用。宋代文人周辉在《清波杂志》中曾记述了自己洗水的事：“本人家住惠山，用瓶将惠山泉带至开封，未免有瓶盎气。用细砂过滤，犹如新汲。”

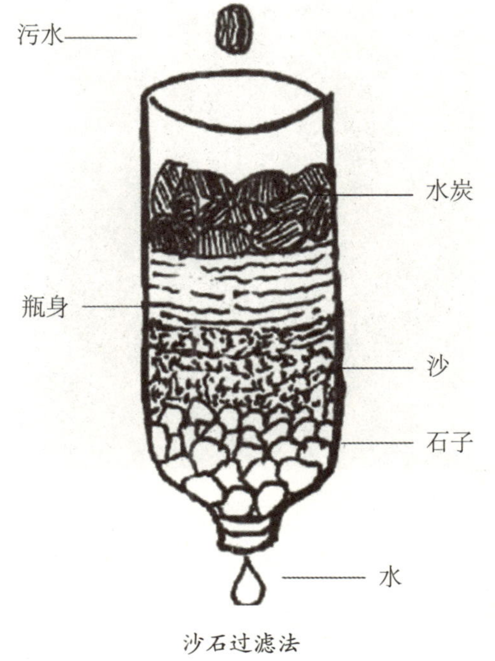

沙石过滤法

五、煮水

宋人不再直接将茶放入釜中熟煮，而是先将饼茶碾碎，置于碗中待用。以釜烧水，微沸初漾时即冲点碗中的茶。为了使茶末与水交融成一体，于是就发明了一种用细竹制作的工具，称为“茶筅”。点茶法是将茶叶末放在茶碗里，注入少量沸水调成糊状，然后再注入沸水，或者直接向茶碗中注入沸水，同时用茶筅搅动，茶末上浮，形成粥面。为了给客人献上一碗美味可口的茶，水温的调节非常重要。为此，在点茶过程中，如何调整炭火也就变得很重要。调炭时，有“三炭”之说，即底火、初炭(第一次添炭)、后炭(第二次亦即最后一次添炭)。使用地炉点茶时，这“三炭”更是别有

烧水釜

一番情趣。具体做法如下。首先清理好地炉内部并撒好湿灰后，将三根圆形短炭作为底火放进炉底。应在准备工作结束后，再将客人迎进茶室。开始第一次添炭，在底火炭身周围刚好披上一层薄薄的灰时添炭最佳，若底火火势太弱，连地炉本身都未能烘暖，这会显得主人太冷淡，缺乏对客人的体贴之心。反之，若底火火势太强，第一次添炭时，底火炭都要燃尽了，这不但缺乏情趣，亦不利于恰到好处地调节水温。所以，底火的准备工作比添炭的做法要难。

炭

六、点茶品茶——斗茶

斗茶，即比试茶的好坏之意，是惠州传统民间风俗之一。斗茶始于唐代，据考证其创造于以出产贡茶闻名于世的茶乡——福建建州。每年春季新茶制成后，斗茶是茶农、茶客们评比新茶优良排名顺序的一种比赛活动。其有比技巧、斗输赢的特点，富有趣味性和挑战性。一场斗茶比赛的胜败，犹如今天一场球赛的胜败，为众多乡民所关注。其在唐代称“茗战”，其在宋代称“斗茶”，具有很强的竞技色彩，其实是一种茶叶的评比形式和社会化活动。

斗茶多选在清明节期间，因此时新茶初出，最适合参斗。斗茶的参加者都是饮茶爱好者的自由组合，多的十几人，少的三六人，斗茶时，还有不少看热闹的街坊邻舍。如在茶店斗，则附近店铺的老板或伙计都会轮流去凑热闹，特别是当时在场欲购茶的顾客，更是一睹为快。斗茶是古时有钱、有闲文化的一种“雅玩”。

宋代斗茶

宋代是极其讲究茶道的时代，上起皇帝，下至士大夫，无不好此道，他们还著书立说，将其理论化。如风雅皇帝宋徽宗赵佶撰《大观茶论》、蔡襄撰《茶录》、黄儒撰《品茶要录》……社会上一些文人雅士也流行一种“斗茶”的生活情趣。据宋、明人的笔记记述，斗茶内容大致包括斗茶品、行茶令和茶百戏。

（一）斗茶品

两人或多人共斗茶时，内容主要是两个方面：一是汤色，即茶水的颜色，“茶色贵白”“以青白胜黄白”（蔡襄《茶录》）；二是汤花，即指汤面泛起的泡沫。决定汤花的优劣有两项标准：第一是汤花的色泽，汤花的色泽与汤色是密切相关的，因此两者的标准相同；第二是汤花泛起后，水痕出现的早晚，早者为负，晚者为胜。如果汤花细匀，有若“冷粥面”，就可紧咬盏沿，久聚不散，这种最佳效果名曰“咬盏”。反之，汤花泛起，不能咬盏，会很快散开。汤花一散，汤与盏相接的地方就会露出“水痕”（茶色水线）。因此，水痕出现的早晚，就会成为判断汤花优劣的依据。有时茶质虽略次于对方，但用水得当，也能取胜。而用同样的水煎茶，最能检验茶质优劣。这种斗茶，必须了解茶性、水质及煎后效果，不能盲目而行。宋代范仲淹有首《斗茶歌》说得好：“斗茶味兮轻醍醐，斗茶香兮薄芝兰。其间品第胡能欺，十目视而十手指。”

茶汤

（二）行茶令

行茶令最早出现在宋代，它是宋代兴盛斗茶的产物，是茶会时的游戏。行茶令时由一人作令官，令在座者如令行事，失误者受罚。宋王十朋《万季梁和诗留别再用前韵》：“搜我肺肠茶著令。”自注：“余归与诸子讲茶令，每会茶，指一物为题，各举故事，不通者罚。”斗茶之初乃是“二三人聚集一起，煮水烹茶，对斗品论长道短，决出品次（见宋人唐庚《斗茶记》）”。随着斗茶之风遍及朝野，尤其是文人更以此为嗜好，斗茶由论水道茶衍生出一种新的形式和内容，即行茶令。在中华茶文化发展史上，出现过许多风韵雅举，茶令就是其中之一。它并没有随着历史原因而退却，相反地，它被现代人所推举。茶令之行，极大地丰富了中国茶文化，是一个非常富有文化意义的创举。

行茶令

（三）茶百戏

有关茶百戏的来历见于五代至北宋人陶谷（903—970年）的《清异录》，这是他杂采隋唐至五代曲故所写的一部笔记，共六卷，内分三十七门，在《荈茗录》中有所记载。

章志峰作“马到成功”

茶百戏又称分茶、水丹青、汤戏、茶戏等，是一种能使茶汤纹脉形成物象的古茶道，其特点就是仅用茶和水而不用其他的原料就能在茶汤中显现出文字和图像。茶百戏作品和插花等景物相配，适于表现中国文化的各种意境，如“喜上眉梢”“马到成功”等。茶百戏是我国珍稀的文化资源，是再现古代点茶、斗茶文化的重要技艺。唐宋时期，分茶曾在闽北武夷山一带流传，已列入武夷山市非物质文化遗产。茶百戏具有独特的艺术表现力，是用液体表现字画的独特艺术形式，由于茶汤显现纹理丰富、自然、灵动，同时，在同一茶汤中可以变幻图案多次。茶百戏以其独特的表现力表现了中华艺术的意境美、线条美和朦胧美，其新颖独特的表现力特别适于表现中国传统风格的山、水、花、鸟图案；对观众具有较大的吸引力和影响力，适于游人观赏、品饮、体验；适用于各种接待和大型庆典活动；可以提高茶产业的附加值和文化旅游的档次。茶百戏是欣赏和品饮兼备的新型茶产品，具有独特的品饮价值，既可用抹茶通过点茶法欣赏和品饮，又可用团饼茶冲泡品饮，是跨越时代的艺术珍品。

茶百戏

茶百戏作为中华文化的一支艺术奇葩也十分强调线条美。茶百戏也是线条的艺术，通过线条的变化和组合，赋予作品节奏和韵律，成为作者情感表达的重要手段。茶百戏的线条美不仅给人一种高雅的精神享受，而且包含美的意象。

1. 茶百戏作品讲究线条的力度、速度及情感的表达，赋有节奏感和韵律感。节奏是线条强弱有规律的重现，韵律是作者用线时在情感上起伏运动的轨迹，线条的长短、粗细、繁简、疏密、浓淡、虚实、交错、顾盼、呼应等，形成了整幅画的节奏美和韵律美。

2. 茶百戏的艺术特点是用线表形、以形写神，不求形似、但求神似。其充分运用对称、均衡、反复、重叠等手法，疏密有致、轻重适宜，在变化中寻求统一。例如，表现人物时目的只在显现出人物姿态的特点，不讲人物各部的尺寸与比例。茶百戏作品中男子相貌奇古，身首不称；女子则蛾眉樱唇，削肩细腰。茶百戏作品欲求给人印象的深刻，所以夸张人物的特点，使男子增雄伟，女子增纤丽，从而充分表现其性格。故其不用写实法而用象征法，不求形似，但求神似。茶百戏线条的作用远远超出了塑造形体的要求，成为作者表达意念、思想、情感的手段。

3. 茶百戏作品通过线条的奇妙变化表达不同的韵味。其利用线条生动地表现对象的外部特征或内在气质。如有的庄重、典雅、崇高，有的活泼、轻松、流畅，有的刚健、挺拔、豪放，有的古朴、飘逸、洒脱，有的浑厚苍劲、抑扬顿挫、自然流露。

4. 茶百戏作品通过线条表现独特的装饰美。其同国画一样讲究线条的和谐应用与排列，将纷繁杂乱、模糊抽象的物象规律化、条理化、具体化，通过“线条美”呈现高度概括、精炼、明确的程式化语言。正如著名画家齐白石通过线条的凝炼深沉与博大古朴，将豪放、自如、遒劲、纤细的线条灵活运用于画面，表现出大师风范。

5. 茶百戏作品也讲究骨法。骨法是中国画在对线条的运用上与西方绘画的重要区别，即写意与写实的区别。茶百戏作品也讲究骨法的运用，线条不仅是物象形体结构的轮廓边沿，而且自身具有一种独立的审美价值。而西洋画的线条只有轮廓线的作用，自身没有独立存在的审美价值。同时茶百戏作品用线条表现对象时，一般不受光明暗变化的影响。

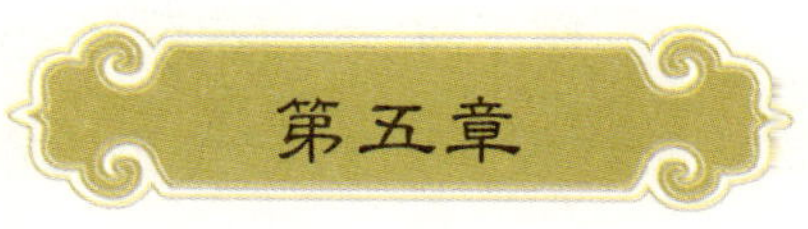

明、清茶文化普及期的茶艺

第一节　普及期的茶艺特点

中国古代茶文化的发展史上，元、明、清也是一个重要阶段，茶叶的生产量和消费量逐渐扩大，饮茶技艺的水平、特色逐步提升，呈现多样化，散发着令人陶醉的文化魅力。宋代大小城市茶馆、茶楼的兴起，使得茶文化更加深入普通大众的生活之中，各种茶文化不仅继续在宫廷、宗教、文人、士大夫等阶层中延续和发展，茶文化的精神还进一步植根于广大民众之间，不同地区、不同民族有极为丰富的“茶民俗”。明清茶人继承了唐宋茶人的饮茶修道思想。泡茶法大约始于中唐，南宋末至明朝初年，泡茶多用末茶。明初以后，泡茶用叶茶，并流行至今。

16世纪末的明朝后期，张源著《茶录》，其中有藏茶、火候、汤辨、泡法、投茶、饮茶、品泉、贮水、茶具、茶道等篇；许次纾著《茶疏》，其中有择水、贮水、舀水、煮水器、火候、烹点、汤候、瓯注、荡涤、饮啜、论客、茶所、洗茶、饮时、宜辍、不宜用、不宜近、良友、出游、权宜、宜节等篇。

《茶录》和《茶疏》共同奠定了泡茶道的基础。17 世纪初，程用宾撰《茶录》，罗廪撰《茶解》。17 世纪中期，冯可宾撰《岕茶笺》。17 世纪后期，清人冒襄撰《岕茶汇钞》。这些茶书进一步补充、发展、完善了茶方化普及期的饮茶艺术。

许次纾著《茶疏》

冯可宾撰《岕茶笺》

明清时出现蒸青、炒青、烘青等各茶类，茶的饮用改成“撮泡法”，明代不少文人雅士留有传世之作，如唐伯虎的《烹茶画卷》《品茶图》，文徵明的《惠山茶会记》《陆羽烹茶图》《品茶图》等。这里不得不提一提元代，虽然元代由于历史的短暂与局限，没能呈现文化的辉煌，但在茶学和茶文化上仍然继承了唐宋以来的优秀传统，并有所发展和创新。元代已开始出现散茶。饼茶主要为皇室宫廷所用，民间则以散茶为主。由于散茶的普及流行，茶叶的加工制作开始出现炒青技术，花茶的加工制作也形成了完整系统。汉蒙饮食文化交流，还形成了具有蒙古特色的饮茶方式，开始出现泡茶方式，即用沸水直接冲泡茶叶。

文徵明的《惠山茶会记》

一、明代饮茶法的特点

明代饮茶风气鼎盛，是中国古代茶文化又一个兴盛期的开始，其特色主要有以下三个方面。

（一）形成了饮茶方法史上一次重大变革

历史上正式以国家法令形式废除团茶的是明太祖朱元璋，他于洪武二十四年 (1391 年) 九月十六日下诏：“罢造龙团，惟采茶芽以进。”从此向皇室进贡只要芽叶形的蒸青散茶。皇室提倡饮用散茶，民间自然蔚然成风，并且将煎煮法改为随冲泡随饮用的冲泡法，这是饮茶方法上的一次革新，从此改变了我国千古相沿成习的饮茶法。这种冲泡法，对于茶叶加工技术的进步，如改进蒸青技术、产生炒青技术等，以及花茶、乌龙茶、红茶等茶类的兴起和发展，起了巨大的推动作用。由于泡茶简便、茶类众多，烹点茶叶成为人们的一大嗜好，饮茶之风更为普及。

罢造龙团，惟采茶芽以进

（二）形成了紫砂茶具的发展高峰

紫砂茶具始于宋代，到了明代，由于受横贯各文化领域溯流的影响，文化人的积极参与和倡导、紫砂制造业水平的提高和即时冲泡散茶的流行等，其逐渐走上了繁荣之路。宜兴紫砂茶具的制作，相传始于明代正德年间，当时宜兴东南有座金沙寺，寺中有位被尊为金沙僧的和尚，平生嗜茶，他选取当地产的紫砂细砂，用手捏成圆坯，安上盖、柄、嘴，经窑中焙烧，制成了中国最早的紫砂壶。此后，有个叫龚(供)春的家僮跟随主人到金沙寺侍卖，他巧仿老僧，学会了制壶技艺，所制壶被后人称为“供春壶”，并视为珍品，有“供春之壶，胜如白玉”之说。龚（供）春也被称为紫砂壶真正意义上的鼻祖，是第一位制壶大师。到明万历年间，出现了董翰、赵梁、元畅、时朋“四家”，后又出现了时大彬、李仲芳、徐友泉“三大壶中妙手”。当时有许多文人都在宜兴定制紫砂壶，还题刻诗画于壶上，他们的文化品位和艺术鉴赏也直接左右着制壶匠们，如著名书画家董其昌、文学家赵宦光等，都在宜兴定制过紫砂壶且题刻过诗画。

宜兴紫砂茶具

明代人崇尚紫砂壶到了几近狂热的程度。“今吴中较茶者，必言宜兴瓷”（周容《宜瓷壶记》）。“一壶重不数两，价值每一二十金，能使土与黄金争价”（周高起《阳羡茗壶系》）。可见明代人对紫砂壶的喜爱之深。

（三）为茶著书立说又形成了一个新的高潮

中国是最早为茶著书立说的国家，明代达到又一个兴盛期，而且形成了鲜明特色。明太祖朱元璋第 17 子朱权于 1440 年前后编写《茶谱》一书，对饮茶之人、饮茶之环境、饮茶之方法、饮茶之礼仪等作了详细的介绍。陆树声在《茶寮记》中，提倡于小园之中，设立茶室，有茶灶、茶护，窗明几净，颇有远俗雅意，强调的是自然和谐美。张源在《茶录》中说：“造时精，藏时燥，泡时洁。精、燥、洁，茶道尽矣。”这句话简明扼要地阐明了茶道真谛。

明代茶书对茶文化的各个方面加以整理、阐述和开发，创造性的突出贡献在于全面展示了明代茶业、茶政的空前发展和中国茶文化继往开来的崭新局面，其成果一直影响至今。明代在茶文化艺术方面的成就也较大，除了茶片、茶画外，还产生了众多的茶歌、茶戏，有几首反映茶农疾苦、讥讽时政的茶诗，历史价值颇高，如高启的《采茶词》等。

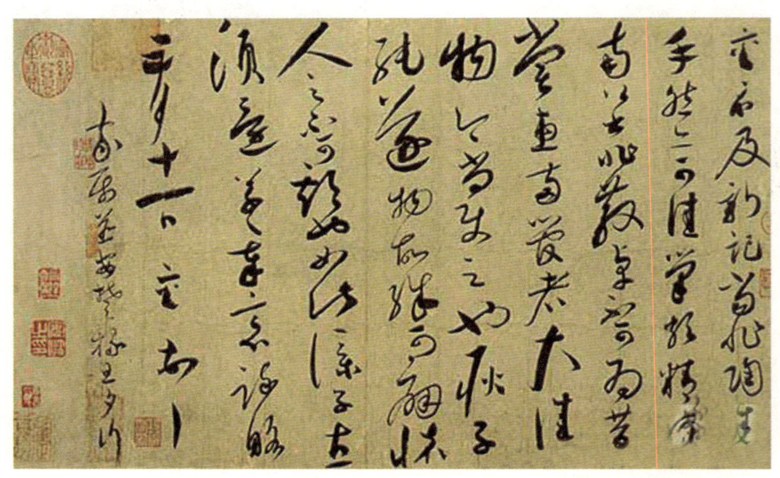

高启的《采茶词》

二、清代饮茶法的特点

清代沿袭了明代的政治体制和文化理念，其茶文化的主要特点有以下三点。

（一）形成了更为讲究的饮茶风尚

清朝满族的祖先本是中国东北地区的游猎民族，以肉食为主，进入北京成为统治者后，养尊处优，需要消化功效大的茶叶饮料。于是普洱茶、女儿茶等，深受帝王、后妃和吃皇粮的贵族们喜爱，有的用于泡饮，有的用于熬煮奶茶。嗜茶如命的乾隆皇帝，一生与茶结缘，对品茶鉴水有许多独到之处，也是历代帝王中写作茶诗最多的一个。他晚年退位后，在北海镜清斋内专设“焙茶坞”，悠闲品茶。民间大众饮茶方法的讲究表现在很多方面，如“杭俗烹茶，用细茗置茶瓯，以沸汤点之，名为撮泡”。当时，人们泡茶时，茶壶、茶杯要用开水洗涤，并用干净布擦干，茶杯中的茶渣必须先倒掉，然后再斟。闽粤地区，民间嗜饮工夫茶者甚众，故精于此“茶道”之人亦多。到了清代后期，由于市场上有六大类茶出售，人们已不再单饮一种茶，而是根据各地风俗习惯选用不同茶类，如江浙一带人大都饮绿茶，北方人喜欢喝花茶或绿茶。不同地区、民族的茶习俗也因此形成。

乾隆皇帝所设焙茶坞之一

（二）形成了茶叶外销的历史高峰

清朝初期，以英国为首的资本主义国家开始大量从我国运销茶叶，使我国茶叶向海外的输出量猛增。茶叶的输出常伴以茶文化的交流和影响。英国在 16 世纪从中国输入茶叶，茶饮逐渐普及，并形成了其特有的饮茶风俗，讲究冲泡技艺和礼节，其中有很多中国茶礼的痕迹。早期俄罗斯文艺作品中有众多对茶宴茶礼的场景描写，这也是我国茶文化在早期俄罗斯民众生活中的反映。

（三）茶文化开始成为小说描写对象

诗文、歌舞、戏曲等文艺形式中描绘“茶”的内容很多。在众多小说话本中，茶文化的内容也得到充分展现。“一部《红楼梦》，满纸茶叶香。”《红楼梦》中言及茶的地方多达 260 多处，咏茶诗词 (联句) 有 10 多首，它所载形形色色的饮茶方式、丰富多彩的名茶品种、珍奇的古玩茶具和讲究非凡的沏茶用水是我国历代文学作品中记述和描绘最全面的。它集明后期至清代 200 多年间各类饮茶文化之大成，形象地再现了当时上至皇室官宦、文人学士，下至平民百姓的饮茶风俗。清末至新中国成立前的 100 多年，资本主义入侵，战争频繁，社会动乱，传统的中国茶文化日渐衰微，饮茶之道在中国大部分地区逐渐趋于简化，但这并非是中国茶文化的完结。从总趋势看，中国的茶文化是在向下层延伸的，这

一部《红楼梦》，满纸茶叶香

更丰富了它的内容，也更增强了它的生命力。在清末民初的社会中，城市乡镇的茶馆茶肆林立，大碗茶摊比比皆是，盛暑季节道路上的茶亭及善人乐施的大茶缸处处可见。“客来敬茶”已成为普通人家的礼仪美德，由于制作工艺的发展，基本形成了今天的六大类茶。

第二节　普及期的饮茶艺术——泡茶茶艺

中国茶艺在经过了煎茶茶艺和点茶茶艺之后，在明清时期出现了新的饮茶艺术——泡茶茶艺。

一、泡茶备器

泡茶茶艺的主要器具有茶炉、汤壶（茶铫[1]）、茶壶、茶盏（杯）、茶盘、茶则、茶夹、茶漏、品茶杯等。

茶铫

[1]　铫：diào，煮开水、熬东西用的器具。如铫子、药铫。

茶漏

二、泡茶选水

明清茶人对水的讲究比唐宋茶人有过之而无不及。明代，田艺衡撰《煮泉小品》，徐献忠撰《水品》，专书论水。明清茶书中，也多有择水、贮水、品泉、养水的内容。

三、泡茶取火

张源《茶录》“火候”条载：“烹茶旨要，火候为先。炉火通红，茶瓢始上。扇起要轻疾，轻声稍稍重疾，斯文武之候也。”

四、泡茶候汤

《茶录》“汤辨”条载：“汤有三大辨十五小辨。一日形辨，二日声辨，三日气辨。形为内辨，声为外辨，气为捷辨。如虾眼、蟹眼、鱼眼连珠，皆为萌汤，直至不涌沸如腾波鼓浪，水气全消，方是纯熟；如初声、转声、振声、骤声，皆为萌汤，直至无声，方是纯熟；如气浮一缕、二缕、三四缕，及缕乱不分，氤氲乱绕，皆是萌汤，直至气直冲贵，方是纯熟。”又“汤用老嫩”条载：“今时制茶，不假罗磨，全具元体。此汤须纯熟，元神始发也。”

五、习茶法

（一）撮泡法茶艺

陈师撰于16世纪末的《茶考》记：“杭俗烹茶用细茗置茶瓯，以沸汤点之，名为撮泡。”撮泡法简便，主要有涤盏、投茶、注汤、品茶程序。

（二）壶泡法茶艺

据《茶录》《茶疏》《茶解》等书，壶泡法的一般程序有：藏茶、洗茶、浴壶、泡茶（投茶、注汤）、涤盏、酾[1]茶、品茶。

1. 备具：中置双层大茶盘，上放置茶壶和四只品茗杯。

2. 具备：将左侧中盘中的茶样罐和箸筒一一端放在双层大茶盘的左上方，将茶巾盘端放至其右下方，将赏茶盘放在中盘的正中。

3. 赏茶：双手捧取茶样罐，左手拿罐，右手开盖，用茶匙取样放入赏茶盘中。

茶盘赏茶

[1] 酾：shāi，疏导，分流。

4. 温壶：左手开启壶盖，右手提开水壶直注开水于泡茶壶中，所注水量约为总容量的 2/3，将开水壶复位。左手盖上茶壶盖，双手拿茶巾，放于左手手指部位，右手拇指和中指握住茶壶把，食指抵住壶盖上的气孔或钮基部，左手拿茶巾托住壶底，两手手指部位相对，双手手腕做相反方向的转动，开水在壶中晃动，使整把壶的温度一致。然后，右手提起茶壶，手腕上提使手与手臂呈 90 度，手心朝向自己，将壶中开水倒入品茗杯中（以后倒茶均用此手法）。

5. 置茶：左手打开茶壶盖，将其置于茶盘上，双手捧取茶样罐，摇动后用茶匙将茶样罐中的粗大茶叶置于茶壶水孔的一边，将细碎的茶叶放在壶把一侧，以防止细碎茶叶冲泡后堵住茶壶的水孔。茶样量为茶壶容量的 1/2 左右，并且茶样量视茶的紧结程度而定，紧结程度高的可少放一些，反之则可略多放一些，碎茶多的也应少放一些。如果用茶荷置茶样，则把茶倒入茶荷中，用茶匙将茶按粗细分开，然后分别倒入茶壶中。

置茶

6. 第一泡：右手提开水壶，沿壶口回转冲入开水至壶口沿，左手持盖由外至内撇去壶口泡沫，加盖；右手提开水壶向茶壶盖上洒水，称为“淋壶”，目的是进一步提高壶温，顷刻可见茶壶冒热气，壶外壁迅速干燥。“淋壶”后的静置时间比温润泡过的要长 12 ～ 20 秒钟，视茶的紧结程度而定，愈紧结的茶静置时间愈长。

淋壶

7. 温杯：品茗杯要依次清洗，第一只茶杯中盛有开水，用右手的拇指和中指拿取第一只茶杯，拇指靠杯沿，中指扣入杯底圈内，将茶杯侧拿起，将水倒入第二只杯中，并用食指推此杯侧壁，中指由外向内旋转杯底圈，拇指挡住杯口沿，靠三只手指的不同方向用力，将杯子在第二只杯内旋转一周，清洗后倒干水放回原处，随后一一温杯。

温杯

8. 分茶：右手拇指和中指握壶把，食指抵住盖上气孔或钮基侧部，端起茶壶在茶船上按逆时针方向荡一圈，其目的是刮去壶底的水，俗称“游山玩水”；再端起茶壶置于茶巾上

按一下，使壶底水分被充分吸干，用巡回倒茶法分茶，目的是使每杯茶汤浓度均匀，最后用滴入法以最浓的几滴茶汤调整各杯茶汤浓度。

出汤

分茶

9.奉茶：将茶杯端起，在茶巾上按一下，吸干杯底水分，再置于茶托上，端起茶托放入左侧的中茶盘中。

奉茶

10. 第二泡：左手掀开壶盖置于茶盘上，右手提开水壶回转冲入开水至壶沿，左手加盖，淋壶，静置时间同第一泡。

11. 分茶：主泡将茶壶沿茶船荡一圈后平提起，放在茶巾上按一下以吸干壶底水分，放在左侧的中茶盘中，并将茶巾盘放入中茶盘，由助泡端茶盘至宾客处一一分茶。但因不用盅，各种茶汤的浓度不太均匀。

12. 第三泡、分茶、品尝：冲泡时间为 1 分 40 秒钟，余同上。

（三）工夫茶茶艺

工夫茶形成于清代，流行于广东、福建和台湾地区，是用小茶壶泡青茶（乌龙茶）。其主要程序有治壶、投茶、出浴、淋壶、烫杯、酾茶、品茶等，又进一步分解为孟臣沐霖、马龙入宫、悬壶高中、春风拂面、重洗仙颜、若琛出浴、游山玩水、关公巡城、韩信点兵、鉴赏三色、喜闻幽香、品啜甘露、领悟神韵。

1. 备具：将壶、公道杯、品茗杯、闻香杯放在茶盘上，将茶道、茶样罐放在茶盘左侧，将烧水壶放在茶盘右侧。

闻香杯

2. 赏茶：打开茶样罐，让来客欣赏茶叶的色和形。

3. 烫杯热罐：将开水倒入水壶中，然后将水倒入公道杯，接着倒入品茗杯中。

4. 投茶：按 1 ：18 的比例把茶放入壶中。

5. 洗茶：右手提壶加水，左手拿盖刮去泡沫，并将盖盖好，将茶水倒入闻香杯中。

6. 第一泡：将开水加入壶中，泡 1 分钟，趁机洗杯，将水倒掉，右手拿壶将茶水倒入公道杯中，再从公道杯斟入闻香杯，只斟七分满。

7. 鲤鱼跳龙门：用右手将品茗杯翻转过来盖在闻香杯上，右手大拇指放在品茗杯杯底上，食指放在闻香杯杯底，翻转一圈。

鲤鱼跳龙门

8. 游山玩水：左手扶住品茗杯杯底，右手将闻香杯从品茗杯中提起，并沿杯口转一圈。

9. 喜闻幽香：将闻香杯放在左手掌，杯口朝下，旋转90度，杯口对着自己，用大拇指捂着杯口，放在鼻子下方，细闻幽香。

闻香

10. 品啜甘茗：三个口即为品，故茶要分三口喝，以仔细品尝，探知茶中甘味。

11. 第二泡、第三泡：操作同上。

第三节　普及期各大茶类的冲泡艺术

一、绿茶冲泡艺术

（一）西湖龙井茶艺

西湖龙井茶是绿茶中最具特色的茶品之一，龙井茶以龙井村狮峰山一带所产为最佳。龙井茶外形扁平光滑，享有色绿、香郁、味醇、形美“四绝”之盛誉。优质龙井茶，通常以清明前采制的为最好，曾称“明前茶”；

谷雨节前采制的稍逊，称为雨前茶，而谷雨之后的就非上品了。“龙井茶、虎跑水”是杭州西湖双绝，冲泡龙井茶必用虎跑水，如此才能使茶水交融，相得益彰。冲泡高档绿茶要用透明无花的玻璃杯，以便更好地欣赏茶叶在水中上下翻飞、翩翩起舞的仙姿，观赏碧绿的汤色、细嫩的茸毫，领略清新的茶香。茶与水的比例适合，冲泡出来的茶才能不失茶性。采用“回旋斟水法”向杯中注水少许，以 1/4 杯为宜，温润的目的是浸润茶芽，使干茶吸水舒展，为将要进行的冲泡打好基础。当温润的茶芽已经散发出一缕清香时，提高温水壶，让水直泻而下，接着利用手腕的力量，上下提拉注水，反复三次，让茶叶在水中翻动。这一冲泡手法，雅称“凤凰三点头”。绿茶大多冲泡三次，以第二泡的色、香、味最佳。

西湖龙井茶叶

西湖龙井冲泡过程

西湖龙井

（二）黄山毛峰茶艺（中投法）

黄山毛峰属于绿茶，味道清淡一些，比例直接反映的是茶的浓淡。浓淡要合适才好，以使我们能够品尝到茶的色和香。同时，适当的浓淡对于茶叶中物质的浸出是有影响的，这不但影响到茶水的色、香、味，还影响到茶水对人体的影响和作用。茶的浓淡可以科学计测，但是平时很少有人计算这一指标，一般是宜淡不宜浓。大致上说，一般像黄山毛峰绿茶，茶与水的重量比为 1 ∶ 80。常用的白瓷杯，每杯可放茶叶 3 克。一般玻璃杯，每杯可放茶叶 2 克。不同的茶，要用不同的水温。黄山毛峰应用

黄山毛峰茶叶

80～90摄氏度的开水冲泡，以使茶水翠绿明亮、香气纯正、滋味甘醇。对黄山毛峰冲泡时间的把握也很重要。冲泡时间的长短可以决定茶初次品尝的口感。其一般也就是3～10分钟。泡久了不但茶的口味不好了，还容易将茶中对人体不利的物质泡出来。将黄山毛峰放入杯中后，先倒入少量开水，以浸没茶叶为度，即如西湖龙井冲泡中的温润，加盖3分钟左右，再加入开水七八成满后便可趁热饮用。水温高、茶叶嫩、差良多，则冲泡时间可短些；反之，时间应长些。一般冲泡后加盖3分钟，茶中内含物浸出55%，香气挥发正常，此时饮茶最好。俗话说：“头道水，二道茶，三道四道赶快爬。”意思是说头道冲泡出来的茶水不是最好的，喝第二道正好，喝到三道、四道水就可以了。饮茶时，一般杯中茶水剩1/3时，就应该加入开水，这样能维持茶水的适当浓度。

黄山毛峰茶汤

品茶要得其味，黄山毛峰作为绿茶的代表性茶饮，掌握正确的黄山毛峰的泡法直接影响茶叶的口感和韵味，操作步骤应精益求精。

1.投30克左右茶叶于玻璃杯中。

2.向杯中注入开水，茶水比例达1/3时，轻轻摇动茶杯，快速洗去第一泡茶汤。

3.再往杯中注入开水，约七成满，待茶叶吸水舒张。

4.浸3～5分钟，即可品饮香醇嫩芽香，可冲泡4次以上。

黄山毛峰冲泡过程

（三）洞庭碧螺春茶艺

碧螺春茶属于绿茶，茶条纤细，叶片鲜嫩，为了防止冲泡过程中茶叶中的营养物质流失，有效发挥碧螺春的功效和作用，碧螺春泡法多采用上投法。碧螺春茶冲泡用水以山泉水为最佳，由于受条件限制，也可选择矿泉水和纯净水。陶瓷杯或玻璃杯都可泡碧螺春茶。碧螺春的冲泡有如下解说。

仙子沐浴：洁手温杯，使茶具清洁干净并提高杯的温度。

碧螺亮相：碧螺春茶在冲泡前请茶客欣赏碧螺春茶条索纤细、卷曲成螺、满身披毫、银白隐翠的外形。

雨涨秋池：采用循环灌注法在碗（玻璃杯）中注入1/3的开水，凉至

80摄氏度，以待排渣。

碧螺亮相

飞雪沉江：用茶匙向碗（玻璃杯）中投入约3克碧螺春茶，如果选用玻璃杯，此时可看到碧螺春茶如朵朵雪花飘入杯中，并缓缓下沉，瞬间碗中的白毫又如白云翻滚，雪花纷飞，因此得名“飞雪沉江”。

春染碧水：甘露浸润，即为使茶汁充分浸出，沏泡碧螺春茶需润泡40秒钟，待碧螺春茶完全舒展开来。

碧螺春茶汤

绿水飘香：继续向茶碗（玻璃杯）中冲水，水只宜注到七分满，留下三分装情，使茶叶在碗（玻璃杯）中上下翻腾加速茶叶中内含物的溶解，茶清汤翠，在杯中如绿云翻滚，氤氲的蒸汽使得茶香四溢，清香袭人，整个茶碗（玻璃杯）好像盛满了春天的气息。

（四）庐山云雾茶艺

庐山云雾，中国十大名茶之一。庐山云雾芽肥毫显，条索奇丽，香浓味甘，汤色清澈，是绿茶中的精品，以“味醇、色秀、香馨、液清”而久负盛名。仔细观察，其色如沱茶，却比沱茶更淡，宛若碧玉盛于碗中。若用庐山的山泉沏茶焙茗，就更加香醇可口了。

冲泡庐山云雾建议采用无色透明的玻璃杯，85 摄氏度左右的开水，冲水时最好让茶叶随水而滚动。先将干茶入杯，冲入开水至杯容量的 1/3 时，稍待 1 分钟，等干茶吸水伸展后再冲至满杯，此时可以进行湿看赏识，茶汤凉至适口后，品尝茶汤滋味，宜小口品啜，缓慢吞咽，等茶汤尚余 1/3 时，继续加开水，二开茶汤正浓，饮后舌根回甘，余味无限，饮至三开，一般茶味已淡。

庐山云雾茶

（五）信阳毛尖茶艺

沏泡好一杯信阳毛尖，不仅要选好水，配好茶具，还要掌握茶的冲泡技能，把握冲泡要领。泡茶的水温——信阳毛尖宜用降温以后的沸水泡茶。如果用沸水直接冲泡，会使茶的叶色和汤色变黄，茶芽无法直立，内含的维生素 C 等营养物质遭到破坏，使茶的清香和鲜爽味减少，观赏性降低。所以，其应该采用晾至 80 摄氏度左右的沸水冲泡。特级信阳毛尖，用晾至 70 摄氏度左右的沸水冲泡就可以了。茶与水的用量——建议以每克茶泡 50 ～ 60 毫升适温沸水为好。按“浅茶满酒”的习惯要求，通常一只 200 毫升的茶杯，放 3 克左右的茶，冲上 150 毫升的适温沸水就可以了。茶经沸水冲泡后，最先从茶中浸出来的是维生素、氨基酸、咖啡因等，一般冲泡 3 分钟后，茶汤饮起来已有鲜爽醇和之感，但缺少刺激味；之后，茶多酚物质陆续浸提出来，虽然鲜爽味减少，但苦涩味等相对增加。一般绿茶第一次冲泡后，茶汤中的浸出物已占总可溶物的 55% 左右；第二次冲泡浸出物为总可溶物的 30% 左右；第三次冲泡为 10% 左右；第四次冲泡只有 1% ～ 3%，其实就是白开水了。所以，一般来说，信阳毛尖茶最好冲泡 2 ～ 3 次。第一次冲泡后，建议在 10 分钟内完成闻香、品赏为上；第二次冲泡后，要在 30 分钟内完成品饮为上；第三次冲泡一般就没什么讲究了。

信阳毛尖茶

二、白茶冲泡艺术

饮用白茶，独有其法。白茶美誉仙子，从外形到内质都散发着高贵、素雅、自然、纯净的东方神韵，具有极强的亲和力。其可适合多种冲泡方式，小杯品啜、大杯豪饮，热饮、冷饮皆适宜，甚至从早到晚的浓茶也是很有特色的。品味、品饮白茶有三个关键点不要错过：温润泡后闻毫香，浸泡后观杯里茶形，咽后感受喉部的蜜韵，即能体会到白茶特有的“毫香蜜韵”。

（一）杯泡法

一人独饮，用杯泡：用200毫升大杯（适宜各种材质，玻璃杯最适宜），取5克白茶，用90摄氏度开水先温润闻香，再用开水直接冲泡，1分钟后就可饮用。

（二）盖碗法

二人对饮，用盖碗：取3克白茶投入中盖碗，用90摄氏度开水温润闻香，然后与工夫茶泡法一样，第一泡45秒钟以后每泡延续20秒钟，这样就能品到十分清新的口味。

盖碗法

（三）壶泡法

1. 三五人雅聚，用壶泡：中品的大肚紫砂壶是白茶泡具的最佳选择。取7～10克白茶投入壶中，用90摄氏度开水温润后用100摄氏度开水闷泡，45～60秒钟就可出水品饮，这样可以品到清纯中带醇厚的口味。

壶泡法

2. 群体共饮，用大壶：大肚高身的大品瓷壶是最佳选择。取10～15克白茶投入壶中，直接用90～100摄氏度开水冲泡，喝完直接加开水闷。其可以从早喝到晚，味道特别醇厚和清爽。这种方法也可供一家大小共享，特别是夏天。因为白茶的冷饮更好喝，并且决不伤害身体。

大壶法瓷壶

大壶法紫砂壶

（四）煮饮法

特殊保健，用煮饮：这是民间一直沿用的秘方。用清水加 15 克老白茶（陈三年以上）煮 3 分钟成浓汁后过滤出茶水，待凉到 70 摄氏度添加一勺蜂蜜或土冰糖趁热饮用，顿感体轻神宁，其中妙用自能体会，其口感更是醇厚奇特。

煮饮法

（五）著名白茶冲泡方法

1. 白毫银针的冲泡方法。

白毫银针泡饮方法与绿茶基本相同，但因其未经揉捻，茶汁不易浸出，冲泡时间宜较长。冲泡白毫银针的茶具通常是无色无花的直筒形透明玻璃杯，品饮者可从各个角度欣赏到杯中茶的形色和变幻的姿态。其具体冲泡程序如下。

备具：多采用有托的玻璃杯。

赏茶：用茶匙取出白茶少许，置于茶盘，供宾客欣赏干茶的形与色。

置茶：取白茶 2 克，置于玻璃杯中。

浸润：冲入少许开水，让杯中茶叶浸润 10 秒钟左右。

泡茶：用高冲法，按同一方向冲入开水 100 ～ 120 毫升。

奉茶：有礼貌地用双手端杯奉给宾客饮用。

品饮：白毫银针冲泡开始时，茶芽浮在水面，经 5 ～ 6 分钟后，才有部分茶芽沉落杯底，此时茶芽条条挺立，上下交错，犹如雨后春笋；约 10 分钟后，茶汤呈橙黄色，此时方可端杯闻香和品尝，尘俗尽去，意趣盎然。白毫银针外形芽壮肥硕显毫，色泽银灰，熠熠有光。其滋味醇厚回甘，冲泡后，茶芽徐徐下落，慢慢沉至杯底，条条挺立。白毫银针性寒，有退热、降火解毒之功效。

白毫银针

2. 白牡丹的冲泡方法。

白牡丹是一款对冲泡方法几乎没有要求的茶，所以无论是小杯品饮，还是大杯海饮，即便是从早闷到晚的浓茶，都会各有其味，都能让人感受到“毫香蜜韵”。下面介绍一种可以观形看色的泡法。

备具：玻璃杯、茶荷。

赏茶：用茶匙取出白牡丹2克，置于茶荷中让茶客欣赏干茶的颜色和形态，其外形为绿叶夹银色白毫芽，形似花朵。

置茶：将白茶置于玻璃杯中。

温润：冲入少许开水，让茶叶浸润5秒钟，此时，可用手握杯的下端轻轻晃动，让茶叶浸润充分。

白牡丹

冲水：用高冲法，水柱贴着杯壁冲入，让茶叶在杯里滚动起来，水至七分满。

品饮：等杯中的茶叶大部分沉入杯底，便可以品饮。

3. 寿眉的冲泡方法。

寿眉，有时称作贡眉，乃以菜茶有性群体茶树芽叶制成的白茶。优质寿眉色泽翠绿，汤色橙黄。优质的贡眉成品茶毫心明显，茸毫色白且多，干茶色泽翠绿，冲泡后汤色呈橙色或深黄色，叶底匀整、柔软、鲜亮，叶片迎光看去，可透视出主脉的红色，品饮时滋味醇爽，香气鲜纯。

茶叶选择：要选择一芽二叶初展，干茶翠绿鲜活略带金黄色，香气清高鲜爽，外形细秀、匀整的优质贡眉。

泡茶用水：冲泡贡眉，境内黄浦江源头水是最佳选择。由于贡眉原料细嫩，叶张较薄，所以冲泡时水温不宜太高，一般掌握在80～85摄氏度为宜。

寿眉茶汤

茶具：冲泡贡眉选用透明玻璃杯或透明玻璃盖碗。通过玻璃杯或玻璃盖碗可以尽情地欣赏贡眉在水中的千姿百态，品其味、闻其香，更能观其叶白脉翠的独特景象。除冲泡杯外，冲泡贡眉还需要备玻璃冲水壶、观水瓶、竹制的本色茶盘、茶托、茶荷、茶匙、茶枝、茶巾和白色瓷质漂盘等器具。

观水：取黄浦江源头水，高冲于观水瓶中，再插入白茶鲜叶枝条，泉水清澈，枝条在水中漂浮，给人以动感。

赏鲜叶：贡眉鲜叶形似兰花，叶肉玉白，叶脉翠绿，鲜活欲出。

温杯：倒入少许开水于茶杯中，双手捧杯，转旋后将水倒于盂中。

置茶：用茶匙取贡眉少许置放在茶荷中，然后向每个杯中投入 3 克左右白茶。

浸润泡：提举冲水壶将水沿杯壁冲入杯中，水量约为杯子容量的 1/4，目的是浸润茶叶使其初步展开。

运茶遥香：左手托杯底，右手扶杯，将茶杯沿顺时针方向轻轻转动，使茶叶进一步吸收水分，香气充分发挥，遥香约 30 秒钟。

冲泡：冲泡时采用回旋注水法，可以欣赏到茶叶在杯中上下旋转，加水量控制在约占杯子容量的2/3为宜。冲泡后静置2分钟。

奉茶：用茶盘将刚沏好的贡眉奉送到来宾面前。

品茶：品饮贡眉先闻香，再观汤色和杯中上下浮动的玉白透明、形似兰花的芽叶，然后小口品饮，茶味鲜爽，回味甘甜，口齿留香。

观叶底：贡眉与其他茶不同，除其滋味鲜醇、香气清雅外，叶张的透明和茎脉的翠绿是其独有的特征。观叶底可以看到冲泡后的茶叶在漂盘中的优美姿态。

收具：客人品茶后离去，及时收具，并向来宾致意送别。

寿眉

4. 新工艺白茶的冲泡方法。

新工艺白茶对鲜叶的原料要求同白牡丹一样，一般采用“福鼎大白茶”“福鼎大毫茶”茶树品种的芽叶加工而成，对原料嫩度的要求相对较低。

其制作工艺为：萎凋、轻揉、干燥、拣剔、过筛、打堆、烘焙、装箱。在初制时，原料鲜叶萎凋后，迅速进行轻度揉捻，再经过干燥工艺，使其外形叶张略有缩摺，呈半卷条形，色泽暗绿略带褐色。这种茶清香味浓，汤色橙红；叶底展开后可见其色泽青灰带黄，筋脉带红；茶汤味似绿茶但无清香，又似红茶而无酵感；其基本特征是浓醇清甘又有闽北乌龙的馥郁。

新工艺白茶

新工艺白茶因其条形较贡眉紧卷，汤味较浓，汤色较深，而受到消费者的欢迎。

三、黄茶冲泡艺术

（一）君山银针茶艺

君山银针（黄茶）是一种较为特殊的茶，有幽香、有醇味，具有茶的所有特性。但从品茗的角度而言，这是一种重在观赏的特种茶，因此，特别强调茶的冲泡技术和程序。冲泡君山银针时，用水以清澈的山泉为佳，茶具宜用透明的玻璃杯，杯子高度为 10 ～ 15 厘米，杯口直径为 4 ～ 6 厘米。每杯用茶量为 3 克，太多或太少都不利于欣赏茶的姿形景观。其冲泡程序如下。

赏茶：用茶匙摄取少量君山银针，置于洁净赏茶盘中，供宾客观赏。

洁具：用开水预热茶杯，清洁茶具，并擦干杯中水珠，以避免茶芽吸水而降低茶芽的竖立率。

置茶：用茶匙轻轻地从茶叶罐中取出君山银针约 3 克，放入茶杯待泡。

高冲：用水壶将 70 摄氏度左右的开水，利用水的冲力，先快后慢冲入茶杯，至杯的 1/2 处，使茶芽湿透。稍后，再冲至七八分杯满为止。为使茶芽均匀吸水，加速下沉，这时可将玻璃片盖在茶杯上，经 5 分钟后，拿掉玻璃盖片。在水和热的作用下，茶叶的形态、茶芽的沉浮、气泡的产生等，都是泡其他茶时罕见的，这是冲泡君山银针茶特有的现象。

君山银针

奉茶：大约冲泡 10 分钟后，就可开始品饮。这时双手端杯，有礼貌地奉给宾客。

冲泡注意事项：用玻璃杯泡茶时切忌用手握杯身，否则会使手纹印在杯壁上；因为是用玻璃杯直接饮用，为不让茶汤苦涩，投茶量要少；玻璃杯在冲水时杯体导热快，所以应小心烫手，拿杯子底部即可。

（二）蒙顶黄芽茶艺

蒙顶黄芽，属黄茶。冲泡蒙顶黄芽用的水以清澈的山泉为佳，茶具最好用透明的玻璃杯，并用玻璃片作盖。杯子高度为 10 ～ 15 厘米，杯口直径为 4 ～ 6 厘米，每杯用茶量为 3 克，其具体的冲泡程序如下。

用开水预热茶杯，清洁茶具，并擦干杯中水珠，以避免茶芽吸水而不宜竖立。用茶匙轻轻从茶叶罐中取出蒙顶黄芽约 3 克，放入茶杯待泡。用水壶将 70 摄氏度左右的开水，先快后慢冲入盛茶的杯子，至杯的 1/2 处，使茶芽湿透，再冲至七八分满为止。约 5 分钟后，去掉玻璃盖片。蒙顶黄芽冲泡后，可看见茶芽渐次直立，上下沉浮，并且在芽尖上有晶莹的气泡。刚冲泡的蒙顶黄芽是横卧水面的，加上玻璃盖片后，茶芽吸水下沉，芽尖产生气泡，犹如雀舌含珠，又似春笋出土。沉入杯底的直立茶芽在气泡的浮力作用下，再次浮升，如此上下沉浮，真是妙不可言。当启开玻璃盖片时，会有一缕白雾从杯中冉冉升起，然后缓缓消失。赏茶之后，可端杯闻香，闻香之后就可以品饮了。

蒙顶黄芽是有益于身体健康的上乘饮料。但是饮茶还需要讲究科学才能达到提精神益思维、解口渴去烦恼、消除疲劳、益寿保健的目的。但有些人饮茶习惯不科学，应该避免。冲泡蒙顶黄芽有四不宜。

1. 用保温杯泡茶。沏茶宜用陶瓷壶、杯，不宜用保温杯。因用保温杯泡茶叶，茶水较长时间保持高温，茶叶中一部分芳香油逸出，使香味减少；浸出的鞣酸和茶碱过多，有苦涩味，因而也损失了部分营养成分。

2. 用沸水泡茶。用沸腾的开水泡茶，会破坏很多营养物质。例如维生素 C、维生素 P 等，在水温超过 80 摄氏度时就会被破坏，还易溶出过多的鞣酸等物质，使茶带有苦涩味。因此，泡茶的水温一般应掌握在 70 ～ 80 摄氏度。

3. 泡茶时间过长。蒙顶黄芽茶叶浸泡 4 ～ 6 分钟后饮用最佳，因此时已有 80% 的咖啡因和 60% 的其他可溶性物质被浸泡出来。时间太长，茶水就会有苦涩味。放在暖水瓶或炉灶上长时间煮的茶水，易发生化学变化，不宜再饮用。

4. 习惯于泡浓茶。泡一杯浓度适中的茶水，一般需要 10 克左右的茶叶。有的人喜欢泡浓茶。茶水太浓，浸出过多的咖啡因和鞣酸，对胃肠刺激性太大。泡一杯茶以后可续水再泡 3 ～ 4 杯。

蒙顶黄芽

（三）霍山黄芽茶艺

霍山黄芽现产于佛子岭水库上游的大化坪、姚家畈、太阳河一带，其中以大化坪的金鸡山、太阳河的金竹坪、诸佛庵的金家湾、姚家畈的乌米尖，即“三金一乌”所产的霍山黄芽品质最佳。霍山黄芽产区位于大别山北麓，地处县境西南的深山区，可谓“山中山”。这一带峰峦绵延，重岩叠嶂，山高林密，泉多溪长，三河（太阳河、漫水河、石羊河）蜿蜒，二水（佛子岭水库、磨子潭水库）浩淼；年平均温度为15摄氏度，年平均降水量为1400毫升，生态环境优越。

“茶兹于水，水籍于器，汤成于火。”茶、水、器、火是泡茶的必要条件。要想泡好一杯茶，还须具备冲泡技艺。冲泡技艺包括对所泡茶叶的了解，对泡茶所需水温、时间的掌握，以及冲泡的手法、程序。

备器：冲泡霍山黄芽宜用无色透明玻璃杯，以便更好地欣赏茶叶在水中上下翻飞、翩翩起舞的仙姿，观赏霍山黄芽的汤色、茸毫。此外还须备有水壶、茗炉、杯托等。

择水：陆羽《茶经》中有“山水上，江水中，井水下”之句。泡茶用水以泉水、溪水、雪水、雨水为上，其次则为江河水。若用自来水，需静置24小时，以使氯气挥发掉。冲泡霍山黄芽，要选择清轻甘活的软水。

候汤：“活水还须活火煎”，烧水要用武火急煮。冲泡霍山黄芽的水温宜在80摄氏度左右，即古人所谓的“蟹眼汤”。

洁杯：清洁茶杯。

投茶：茶与水的用量比例适中，泡出来的茶就清香宜人。冲泡霍山黄芽，茶叶与水的比例大致为1 ：50，即每杯投茶叶2克左右，冲水100毫升。

浸润：候蟹眼乍起、松风欲鸣之时，采用回旋注水法，轻轻地将水沿杯子周边旋转着冲入，注水量占杯容量的1/4～1/3。浸润时间为20～60秒钟，目的是使霍山黄芽吸水膨胀，便于内含物的析出。

冲泡：提高水壶，让水由高处向下冲去，并利用手腕的力量，将水壶由上向下反复提举三次，这一动作被称为“凤凰三点头”。水注入杯七成左右，意为“七分茶，三分情”。“凤凰三点头”的作用，一是让杯中的茶叶在水的冲击下上下翻滚，促使茶叶中的有效成分迅速浸出；二是对宾客表示敬意，“三点头”象征着谦逊、真诚，如同行鞠躬礼。

品饮：品饮之前，先赏茶汤，观色、闻香、赏形，然后趁热品啜茶汤的滋味。霍山黄芽形似雀舌、嫩绿披毫，清香持久，滋味鲜醇浓厚、回甘，汤色黄绿、清澈明亮。第一泡品茶之鲜醇和清香；第二泡茶香最浓，滋味最佳，可以充分体验茶汤甘泽润喉、齿颊留香、回味无穷的特征；第三泡时茶味已淡，香气亦减。三泡之后，一般不再饮了。

霍山黄芽

（四）北港毛尖茶艺

北港毛尖是条形黄茶的一种，产于湖南省岳阳市北港和岳阳县康王乡一带。其在唐代就有记载，清代乾隆年间已有名气。其品质特征为：

外形芽壮叶肥，毫尖显露，呈金黄色，内质香气清高，汤色橙黄，滋味醇厚，叶底肥嫩黄似朵。投茶入杯时，茶芽纷纷飘落，恰似紫燕纷飞，正是“旧时王谢堂前燕，飞入寻常百姓家”。北港毛尖，宜用90摄氏度沸水冲泡。泡茶时，水入茶碗，芽叶舒卷，黄汤四溢，正是“水润北港瑞草黄”。

北港毛尖茶

（五）海马宫茶茶艺

海马宫茶产于贵州省大方县的老鹰岩脚下的海马宫乡。海马宫茶采于当地中、小群体品种，具有茸毛多、持嫩性强的特性。其在谷雨前后开采，采摘标准为：一级茶为一芽一叶初展，二级茶为一芽二叶，三级茶为一芽三叶。海马宫茶属黄茶类名茶，具有条索紧结卷曲，茸毛显露，青高味醇，回味甘甜，汤色黄绿明亮，叶底嫩黄、匀整、明亮的特点。

先赏茶，洁具，擦干杯中水珠，以避免茶芽吸水而降低茶芽竖立率。置茶3克，将70摄氏度的开水先快后慢冲入茶杯，至杯的1/2处，使茶芽湿透。稍后，再冲至七八分满为止。为使茶芽均匀吸水，加速下沉，这时可加盖，经5分钟后，去掉盖。在水和热的作用下，茶叶的形态、茶芽的沉浮、气泡的产生等，都是其他茶冲泡时罕见的，只见茶芽在杯中上下浮动，最终个个林立，人称“三起三落”。

海马宫茶

海马宫茶茶汤

冲泡用具可选用玻璃杯、奶白瓷、黄釉颜色瓷和以黄、橙为主色的五彩壶杯具、盖碗和盖杯。评品海马宫茶时，汤色以黄汤明亮为优，黄暗或黄浊为次；香气以清悦为优，有闷浊气为次；滋味以醇和鲜爽、回甘、收敛性弱为好，苦、涩、淡、闷为次；叶底以芽叶肥壮、匀整、黄色鲜亮的为好，芽叶瘦、薄、黄、暗的为次。

四、青茶冲泡艺术

（一）武夷岩茶茶艺

武夷岩茶为乌龙茶类，属半发酵的青茶。绿叶红镶边，形态艳丽；深橙黄亮，汤色如玛瑙；岩韵醇厚，花香怡人；清鲜甘爽，回味悠悠。它既有红茶的甘醇，又有绿茶的清香，是“活、甘、清、香”齐备的茶中珍品。武夷岩茶饮后齿颊留香、喉底回甘、汤色橙黄、叶底明亮、绿叶红镶边、七泡有余香，因而令人倾倒，畅销海内外。清朝美食大师袁枚说过：“尝尽天下之茶，以武夷山顶所生，冲开白色者为第一。”武夷岩茶还有神奇的保健功能，可以防治高血压、心脑血管病，又可以防癌，降低血脂、胆固醇，还可以抗辐射、抗损伤、抗衰老，减肥、消食、健身、美容等，更成为茶界茶市场的抢手货。武夷岩茶茶艺一共有 27 道程序，高雅美妙。其滋味有特别的醇厚感，人说“水中有骨感”；饮后回甘快、余味长；喉韵明显；香气不论高低都持久浓厚、冷闻、幽香明显；茶叶耐泡，一般可冲泡 7 ～ 10 泡。

正确的冲泡和品饮才能充分发挥出武夷岩茶的风韵和每泡茶的特征，领略茶中真谛，体会茶的无穷乐趣。准备乌龙茶专用茶具一套（冲泡壶宜选用 90 ～ 150 毫升的紫砂壶或三才杯）。冲水量宜为冲泡壶容积的 1/2 左右（1/3 ～ 2/3）。泡茶以山泉水为上，洁净的河水和纯净水为中，硬度大或氯含量高的自来水不可用；水温以现开现泡为宜，水温低于 95 摄氏度或长时间连续烧开的水都略逊。最好配备“随手泡”。第 1 ～ 3

泡浸泡 10 ～ 20 秒钟，以后每加冲一泡，浸泡时间增加 10 ～ 20 秒钟。浸泡时间的调整原则为 1 ～ 7 泡的汤色基本一致，且可冲泡 10 余泡。冲泡次数与浸泡时间有关。武夷岩茶滋味醇厚，内涵丰富，有特殊的“岩韵”。茶树的品种特征能从茶滋味中体现；其香气或高或长，高则浓郁，长则幽远，香型多样化，如花香、果香或带乳香、带蜜香等。品茶时先嗅其香，再试其味，并反复几次。闻香有闻干茶香、盖香、水香、杯底香、叶底香等；尝味时须使茶汤与口腔和舌头的各部位充分接触，并重复几次，细细感觉茶汤的醇厚度及各种特征，综合判断茶叶的特征和品味。

武夷岩茶

（二）铁观音茶艺

铁观音成品依发酵程度和制作工艺，大致可以分为清香型、浓香型、陈香型三大类型。

清香型铁观音：清香型铁观音口感比较清淡，使人舌尖略带微甜，偏向现代工艺制法，目前在市场上的占有量最多。清香型铁观音颜色翠绿，汤水清澈，香气馥郁，花香明显，口味醇正。由于新茶性寒，不可过多饮用，否则会在一定程度上造成伤胃、失眠。

清香型铁观音

浓香型铁观音

浓香型铁观音：浓香型铁观音口味醇厚、香气高长，比较重回甘，是传统工艺炒制的茶叶经烘焙再加工而成的产品。浓香型铁观音具有香、浓、醇、甘等特点，色泽乌亮，汤色金黄，香气纯正，滋味厚重，相对于清香型铁观音而言，浓香型铁观音性温，有止渴生津、健脾暖胃等功效。

陈香型铁观音：其又称老茶或熟茶，由浓香型或清香型铁观音经长时间储存，并反复再加工而成，亦属半发酵茶叶。陈香型铁观音具有厚、醇、润、软等特点，表现为色泽乌黑，汤水浓郁，绵甜甘醇，沉香凝韵。其特质和口味接近普洱茶及红茶、黑茶，不仅口感浓厚、甘醇、爽滑，而且具有沉重的历史与文化积淀。

陈香型铁观音

炭焙的铁观音：其是浓香型铁观音的一种，是清香型铁观音用木炭焙制的，炭焙也是加工成品乌龙茶的最后一道改变其质量的工序。焙制的时间、次数与火候依个人口感和市场而定。

品饮方式：使用陶制小壶、小盅（小杯），先用沸水烫热，然后在壶中装入相当于 1/2 ～ 2/3 壶容量的茶叶，冲以沸水。头两道茶水通常会被舍弃，因茶叶初展，遛尘尚存，焦涩之味亦略重，不适合入口。这两道茶水会被用来温洗茶杯，两道水之后，茶杯也温暖待盛了。第三道沸水冲入壶中，1 ～ 2 分钟后将茶汤匀倾入小盅内。

冲泡技巧：要从水、茶具、冲泡时间入手。水用山泉水为佳，好的水质可以更好地发挥出茶的内质。用 100 摄氏度的开水冲泡最佳。

冲泡方法：每次将 5 ～ 10 克的茶叶放进茶杯，用沸水冲泡，首汤 10 ～ 20 秒钟即可倒出茶水，以后时间依次延长，但不可久浸，可连续冲泡 6 ～ 7 次。

品茶步骤：品铁观音茶一般由审茶、观茶、品茶三道程序构成。

审茶：审茶是指在泡铁观音前要先审看茶叶，内行人一眼就能分出绿茶、红茶、铁观音、乌龙茶（青茶）、黄茶、白茶、黑茶等不同种类的茶。更讲究的人还可以分出“明前”“雨前”“龙井”“雀舌”等。铁观音的种类不同，泡茶用水的温度就不相同，其沏、冲、泡、煮方法也都各不相同。

观茶：即观察铁观音茶叶的形与色。铁观音茶叶一经冲泡后，形状就会发生很大的变化，几乎会恢复到茶叶原来的自然状态。

铁观音

品茶：品安溪铁观音茶既要品汤味，又要嗅茶香。嗅茶香先是嗅未经冲泡的干茶叶的香味。茶香可分为甜香、焦香、清香等。铁观音茶叶一经冲泡之后，其香味便会从水中散溢出来，此时便可以闻香了。品茶完毕后，可以嗅闻铁观音茶盖及杯底的余香。

（三）黄金桂茶艺

黄金桂原产于安溪虎邱罗岩村，是乌龙茶中风格有别于铁观音的又一极品。黄金桂是以黄旦品种茶树嫩梢制成的乌龙茶，因其汤色呈金黄色，有奇香似桂花香，故名黄金桂（又称黄旦）。

俗话说："水乃茶之母，器乃茶之父。"有了好茶叶，更需好水、好茶具，才能将其神韵表现得淋漓尽致。冲泡黄金桂的水最好是纯净水或矿泉水，茶具则"宜陶景瓷"，即以宜兴的陶器、景德镇的瓷器为佳，茶具可用盖碗或紫砂壶，取干茶 7 克左右，用 100 摄氏度的沸水冲泡。第一泡一般为洗茶，不饮用，加水后立即倒掉。而后几泡的冲泡次数随个人口味而定，一般能冲泡七八次；其中以第二、三泡香气最佳。

黄金桂茶

（四）台湾乌龙茶茶艺

1. 盖碗泡茶法。

茶具为茶盘、茶巾、煮水器、盖杯、茶杯、茶船、渣匙、茶盅等。

看干茶：先审察干茶的形状与色泽，以了解茶叶的品质特性。

烫茶具：以沸水冲泡洗茶碗、茶具，以使其符合卫生要求。

放置茶叶：参酌茶叶特性，放置茶量为茶壶容量 1/3 的茶叶。

冲泡：以沸水冲入壶中，冲满即刻盖好，冲泡开水温度以 95 ～ 100 摄氏度为宜，可以多次冲泡以供长时间品饮。

冲茶碗：将热水冲入杯内，用杯盖轻拨泡沫，将杯盖上泡沫冲掉，盖上杯盖。

冲泡时间：冲泡时间由短渐长，第一次短而后逐次增长。泡茶的时间长短不同，茶汤中可溶物的量与质也不同，因此冲泡茶的时间长短直接影响茶汤品质。

盖碗泡茶

温杯：将茶杯先用沸水冲净烫温，以助长香味兼重卫生。

倾倒茶汤：将冲泡出来的茶汤，先倾入茶海，使其浓度均一，茶末沉淀，然后均匀注入茶杯供饮。

品茶：冻顶乌龙茶具有明显的花香，近似桂花香，特有香气清纯持久，生津解渴，提神醒脑，滋味特别甘醇。

盖碗茶的好处：碗口较大，便于冲泡茶叶；碗底圆小，注入开水后茶叶在碗底翻滚，易泡出茶味；碗盖使香气凝集，揭开碗盖，茶香四溢并用盖赶浮叶，不使沾唇，便于品饮；茶船可避免端茶烫手，若碗里溢出茶水，则可流入茶船，便于端茶敬客。

2. 宜兴茶壶泡茶法。

放置茶叶：用茶荷将茶叶取出适量放入壶中。

冲泡：冲入开水，并使泡沫溢出，随即加盖，并将茶汤倒入茶船之中；再次冲入开水。

冲壶：即刻向壶盖上冲浇开水使茶壶里外保温，以充分浸出滋味，发挥出香气。

倾倒茶汤：将茶倒入茶盅，然后倒入闻香杯，随即将闻香杯置于鼻前吸气数次，闻其香味。其目的是品味“杯底留香”“温香”“次香”，愈是好茶，留香愈久，香气愈富于变化。所以，也只有上等好茶才经得起这个考验。

品茶：先闻其香，次观其色，进而察其味及至喉韵之感觉，细细品尝。

宜兴茶壶泡茶

宜兴紫砂茶壶丰姿多彩，壶型和装饰多端，十分雅致，富有艺术魅力，在国内外备受欢迎，尤其广东、闽南泡工夫茶所用小壶，概属宜兴茶壶。

五、黑茶冲泡艺术

（一）湖南黑茶茶艺

湖南黑茶原产于安化，最早产于资江边上的苞芷园，后转至资江沿岸的雅雀坪、黄沙坪、硒州、江南、小淹等地，以江南为集中地，品质则以高家溪和马家溪的最为著名。过去湖南黑茶集中在安化生产，现产区已扩大到桃江、沅江、汉寿、宁乡、益阳和临湘等地。

湖南黑毛茶经杀青、初揉、渥堆、复揉、干燥五道工序制造而成。黑毛茶分为四个等级，高档茶较细嫩，低档茶较粗老。一级茶条索紧卷、圆直、叶质较嫩，色泽黑润；二级茶条索尚紧，色泽黑褐尚润；三级茶条索欠紧，呈泥鳅条，色泽纯净呈竹叶青带紫油色或柳青色；四级茶叶张宽大粗老，条松扁皱折，呈黄褐色。湖南黑毛茶内质要求香味醇厚，带松烟香，无粗涩味，汤色橙黄，叶底呈黄褐色。

湖南黑茶

茶具的搭配：冲泡黑茶宜选择粗犷、大气的茶具。一般用厚壁紫陶壶或如意杯冲泡；公道杯和品茗杯则以透明玻璃杯为佳，便于观赏汤色。

用水选择：泡茶用水一般以泉水、井水、矿泉水、纯净水为佳。水温要高，一般用 100 摄氏度沸水冲泡。也可用沸水润茶后，再用冷水煮沸。

1. 飘逸杯冲泡法：飘逸杯具有独特构造，一个飘逸杯由外杯、内杯和杯盖组成。外杯是玻璃的，内杯是一个带阀门的耐高温塑料小杯，内杯带有滤网和阀门开关，只有打开阀门时，内杯中的茶汤才会通过滤网从内杯下方流到外杯中。

第一步：投茶，散茶、块状茶均适宜使用飘逸杯（最好选用茶、水分离的飘逸杯）。

第二步：注水，冲泡黑茶紧压茶，水温适宜为 90 ～ 95 摄氏度，天尖茶原料鲜嫩，温度适宜为 85 摄氏度左右。

第三步：过滤茶汤，按照喝茶口感，掌握冲泡时间，冲泡黑茶。

第四步：斟茶，将冲泡好的茶汤均匀斟入品茗杯中。

飘逸杯冲泡法

2. 工夫泡饮法：取茶量为茶壶容量 2/5 左右的茶，用工夫茶具，按工夫茶泡饮方式冲泡饮用。

3. 杯泡法：用如意杯或有盖紫砂壶，取茶 5 克，先用沸水润茶，再加盖浸泡 1 ～ 2 分钟后即可饮用，可多次加水冲泡。

4. 传统煮饮法：取茶 10 ～ 15 克，用沸水润茶后，再用冷水煮沸，停火滤茶后，分而热饮之。

5. 奶茶饮法：按传统方法煮好茶汤后，按奶、茶汤 1 ∶ 5 的比例调制，然后加适量盐，即调成具有西域特色的奶茶，橙红的茶汤与白色的奶充分混合后呈现粉红色，十分漂亮，称为“红粉佳人”。

6. 冷饮法：按杯泡法或传统煮饮法滤好茶汤后，将茶汤放入冰箱或水井中冰镇后饮用，是夏天消暑解渴的佳品。

（二）普洱茶茶艺

普洱茶是以云南省一定区域内的云南大叶种晒青茶为原料，采用特定工艺，经发酵后加工形成的散茶和紧压茶。云南普洱茶是云南独有大叶种茶树所产的茶，是中国名茶中最讲究冲泡技巧和品饮艺术的茶类，其饮用方法异常丰富，既可清饮，又可混饮。清饮是指不加任何辅料来冲泡，多见于汉族；混饮是指于茶中随意添加自己喜欢的辅料，多见于香港和台湾地区，如香港地区喜欢在普洱茶中加入菊花、枸杞、西洋参等养生食料。耐泡是普洱茶的一个优点，用盖碗或紫砂壶冲泡陈年普洱茶，最多可以泡20次以上，其味与汤色会随着泡的次数增加慢慢地减淡。普洱茶在产地、品种、品质、制作工艺、形状包装、饮用上皆独具特点。普洱茶主要产于云南省的西双版纳地区，该地具有终年雨水充足、云雾弥漫、土层深厚、土地肥沃、无污染等优势，因此其茶叶是纯绿色茶饮。

普洱茶

很多人都不清楚普洱茶的功效，而对普洱茶的喝法也一知半解，只知道普洱茶能减肥。普洱茶确实具有减肥的功效，尤其是掌握了其正确的喝法后效果更为明显。下面就具体介绍下普洱茶的喝法。由于普洱茶的茶味较不易浸泡出来，所以必须用滚烫的开水冲泡。

将约10克普洱茶叶置于滤杯中（铺满杯底，略高）。将刚煮开的沸水注入滤杯中，盖没茶叶。片刻，拿出滤杯，弃去第一道茶水。再次注入沸水，盖洗茶叶，盖上杯盖，静置20秒钟左右。打开杯盖倒置，取出滤杯，稍稍滴去茶汁后置于杯盖内。在享用之余可别忘了滤杯中的茶叶，千万别将它舍弃了，普洱是非常耐泡的，在将喝完第一道茶时，可以将滤杯放回茶杯中，同时再次注水，盖上杯盖，静置小会儿，第二杯普洱又泡好了。第二泡和第三泡的茶汤可以混着一起喝，以综合茶性，以免茶味过浓。第四泡以后，每增加一泡即增加15秒钟的静置时间，以此类推。

撬茶：用茶刀从各种普洱紧压茶（饼、砖、沱等）上撬下适量（5～10克）普洱茶。

撬茶

投茶：将撬下的茶叶投入内杯中。

准备冲泡：将装有茶叶的内杯放入外杯中。

第一泡：将沸水冲入杯中，由于阀门是关闭的，因此茶汤只能在内杯中浸泡茶叶，这第一泡也叫洗茶，和工夫泡饮法原理相同。

打开阀门：迅速按动开关打开内杯阀门，让茶汤流到外杯中。

洗杯：用第一泡茶汤涮洗外杯然后倒掉，有助于提高普洱茶的醇厚味道。

第二泡：再次冲入沸水泡茶，这一泡开始是用来喝的了。

出汤：按动开关打开内杯阀门，让茶汤流到外杯中，若汤量不够还可再次冲泡，多次出汤。

出汤

品茗：这时一杯地道醇厚的普洱茶便出现在桌前了，可以细细加以品尝。

当然，普洱茶的冲泡并非一定要按照上述方法，也可根据自己的条件、喜好，随意“发明”各种泡法。普洱茶是用来喝的，只要口感良好，醇厚韵长，就是一杯好普洱茶。

普洱茶茶汤

普洱茶应怎样喝最好？普洱茶饭后半小时喝最好。若饮食过少的话，也不宜多喝普洱，不然会刮油过度。其实适当地进餐，餐后喝普洱，配以适当的运动，减肥的效果还是明显的。茶气对普洱品茗者来说具有极其重要的地位，也是普洱茶最重要的特色之一。古往今来饮茶品茗者千千万万，有几人能真正体会到茶气的美妙境地？一是真正懂得品茶气的人不多，二是有茶气的好茶来之不易。大多数品茗者对茶气的认识非常含糊，有人说“这道茶气较强”，大致上可以从以下几个层面去理解：一是指茶香很强；二是指茶汤很浓；三是指茶叶所含的成分很足，茶汤的口感很烈；四是指茶叶中成分很重，茶汤苦，涩味很强；五是指少数品茗者根据体内茶气的气感，而正确指出了茶气很强。

六、红茶冲泡艺术

（一）工夫红茶茶艺

1. 祁门工夫红茶茶艺。

安徽祁门工夫红茶茶艺是红茶茶艺工艺的一个风雅表现。其主要用具为瓷质茶壶、茶杯（以青花瓷、白瓷茶具为好）、赏茶盘或茶荷、茶巾、茶匙、奉茶盘、热水壶及风炉（电炉或酒精炉皆可）。

“宝光”出现：祁门工夫红茶条索紧秀，锋苗好，色泽并非人们常说的红色，而是乌黑润泽。国际通用红茶的名称为“Blacktea”，即因红茶干茶的乌黑色泽而来。请来宾欣赏其色被称为“宝光”的祁门工夫红茶。

清泉初沸：热水壶中用来冲泡茶的泉水经过加热，微沸，壶中上浮的水泡，仿佛“蟹眼”已生。

祁门工夫红茶

温热壶盏：将初沸之水注入瓷壶及杯中，为壶、杯升温。

“王子”入宫：用茶匙将茶荷或赏茶盘中的红茶轻轻拨入壶中。祁门工夫红茶也被誉为“王子茶”。

悬壶高冲：这是冲泡红茶的关键。冲泡红茶的水温要在 100 摄氏度，刚才初沸的水，此时已是“蟹眼已过鱼眼生”，正好用于冲泡。而高冲可以让茶叶在水的激荡下，充分浸润，以利于其色、香、味的充分发挥。

分杯敬客：用循环斟茶法，将壶中之茶均匀地分入每一杯中，使杯中茶的色、味一致。

喜闻幽香：一杯茶到手，先要闻香。祁门工夫红茶是世界公认的三大高香茶之一，其香浓郁高长，又有“茶中英豪”“群芳最”之誉。其香气甜润中蕴藏着一股兰花之香。

观赏茶汤：红茶的红色，表现在冲泡好的茶汤中。祁门工夫红茶的汤色红艳，杯沿有一道明显的“金圈”。茶汤的明亮度和颜色，表明红茶的发酵程度和茶汤的鲜爽度。再观叶底，嫩软红亮。

品味鲜爽：闻香观色后即可缓啜品饮。祁门工夫红茶以鲜爽、浓醇为主，与红碎茶浓强的刺激性口感有所不同。其滋味醇厚，回味绵长。

再赏余韵：一泡之后，可再冲泡第二泡茶。

三品得趣：红茶通常可冲泡三次，三次的口感各不相同，细饮慢品，徐徐体味茶之真味，方得茶之真趣。

收杯谢客：红茶性情温和，收敛性差，易于交融，因此通常用之调饮。祁门工夫红茶同样适于调饮。然清饮更易领略祁门工夫红茶特殊的“祁门香”，领略其独特的内质、隽永的回味、明艳的汤色。

2. 滇红工夫红茶茶艺。

滇红工夫红茶，属于大叶种类型的工夫茶，是中国工夫红茶中的新葩，以外形肥硕紧实，金豪显露骨和香高味浓的品质独树一帜，而著称于世。

冲泡滇红工夫红茶，需要准备的茶具有茶盘、玻璃壶、茶荷、茶匙、水盂，个人静泡，取紫砂壶、杯或白色透明的玻璃杯都行。请多人喝时，可采用铁观音的茶具（全套）和冲泡方法，用内壁为被色的瓷盖碗泡茶。

滇红工夫红茶

3. 宁红工夫红茶茶艺。

宁红工夫红茶简称“宁红”，是我国最早的工夫红茶之一，主产于江西修水县。修水红茶产生的历史悠久，迄今为止已有 1000 余年了。早在清道光年间（1823 年）就已产红茶。

宁红工夫红茶在清明前后采摘，标准为一芽一叶。宁红产区山多田少，土地深厚肥沃，气候温和，茶树生长根深叶茂，内含化学成分丰富，造就了宁红工夫红茶优良的自然品质。该茶外形条索紧结圆直，色乌略红，光润；内质香高持久似祁红，滋味醇厚甜和，汤色红亮，“宁红金毫”为宁红工夫红茶之最。

传统饮法：一般，大多采用杯饮法；为使冲泡过的茶叶与茶汤分离，便于饮用，习惯采用壶泡法。以茶汤中是否添加其他调味品来分，其又可分为“清饮法”和“调饮法”两种。中国绝大多数地方饮红茶采用“清饮法”，没有在茶汤中添加其他调料的习惯。欧美一些国家一般采用“调饮法”，人们普遍爱饮牛奶红茶。通常的饮法是将茶叶放入壶中，用沸水冲泡，浸泡 5 分钟后，再把茶汤倾入茶杯中，加入适量的糖和牛奶或乳酪，就成为一杯芳香可口的牛奶红茶。在原苏联，人们特别爱饮柠檬红茶和糖茶。尤其是俄罗斯民族有吃糖的嗜好，饮茶时常把茶烧得滚烫，再加入糖、蜂蜜和柠檬片。

宁红工夫红茶

冰红茶

新饮方法：冰红茶配制方法是先将红茶泡制成浓度略高的茶汤。然后，将冰块加入杯中达八分满，徐徐加入红茶汤。再视各人爱好加糖或蜂蜜等拌均匀，即可调制出一杯色、味俱全的冰红茶。

茶冻配制方法是用白砂糖 170 克，果胶粉 7 克，冷水 200 毫升，茶汤 824 毫升（可用红茶或其他茶代替）。首先用开水冲泡茶叶后，过滤出茶汤备用。然后，把白砂糖和果胶粉混匀，加冷水拌和，再用文火加热，不断搅拌至沸腾。最后把茶汤倒入果胶溶液中，混合倒入模型（用小碗或酒杯均可），冷凝后放入冰箱中，随需随取随食。茶冻是在夏天能使人凉透心肺、暑气全消的清凉饮料。

4. 宜红工夫红茶茶艺。

宜红工夫红茶条索紧细，有金毫，色泽乌润，内质香味高长，味道鲜醇，汤色红亮，叶底柔软，茶汤稍冷后有“冷后浑”的现象产生。

宜红工夫红茶

冲泡宜红工夫红茶的技术对于品鉴宜红茶叶的品质至关重要，按照正确的冲泡方法泡饮宜红工夫红茶，能够将宜红茶叶本身携带的香气、口感冲泡至最佳。

冲泡宜红工夫红茶时一般要选用紫砂茶具、白瓷茶具和白底红花瓷茶具。茶和水的比例在 1 ∶ 18 左右，泡茶的水温在 90 ～ 95 摄氏度。冲泡工夫红茶一般采用壶泡法，首先将茶叶按比例放入茶壶中，加水冲泡，冲泡时间在 2 ～ 3 分钟，然后按循环倒茶法将茶汤注入茶杯中并使茶汤浓度均匀一致。

品饮时要细品慢饮，要将茶分作三口喝，仔细品尝，探知茶中甘味。上品宜红工夫红茶一般可以冲泡 2 ～ 3 次。

5. 闽红工夫红茶茶艺。

闽红工夫红茶系政和工夫茶、坦洋工夫茶和白琳工夫茶的统称，均系福建特产。三种工夫茶产地不同、品种不同、品质风格不同，但各自拥有自身的消费爱好者，兴盛百年而不衰。

政和工夫茶：政和工夫茶产于闽北，以政和县为主，松溪以及浙江的庆元地区所产红毛茶，亦集中于政和加工。政和县全县山岭重叠，丘陵起伏，气候温和，雨量充沛，年平均气温为18.5摄氏度，年降雨量为1600毫米以上，茶园多开辟在缓坡处的森林迹地，土层深厚，呈微酸性，茶树生长繁茂。茶叶外形条索肥壮、重实、匀齐，色泽乌黑油润，毫芽显露，呈金黄色，极为美观；香气浓郁芬芳，颇似紫罗兰香，汤色红艳，滋味醇厚，为福建三大工夫红茶中的上品；既宜于清饮，又适于掺砂糖、牛奶等调饮。现产品主要销往俄、美、英、法、伊朗、科威特等国，蜚声海内外。政和工夫茶之所以能长期保持其品质特征，除自然环境宜茶，选育良种外，合理拼配是其重要原因。它的成茶以政和大白茶为主，其芽壮毫多，其中水浸出物、多酚类、氨基酸等内含成分高于一般小叶种，具有浓厚、鲜爽、富有收敛性的滋味。又适当在小叶种群体中，选育具有花香特色的茶叶与大白茶相拼配。因此，高级政和工夫茶外形匀称，毫心显，品尝之际，香味俱佳。

坦洋工夫茶：坦洋工夫茶分布较广，主产于福安、拓荣、寿宁、周宁、霞浦及屏南北部等地。坦洋工夫茶源于福安境内白云山麓的坦洋村，收条范围上至政和县的新村，下至霞浦县的赤岭，方圆数百里，境跨七八个县，其成为福安的主要红茶产区。

坦洋工夫茶外形紧结、圆直、匀整，带白毫，色泽乌黑有光，内质香味清鲜甜和，汤鲜艳呈金黄色，叶底红匀光滑。其中坦洋、寿宁、周宁山区所产工夫茶，香味醇厚，条索较为肥壮，东南临海的霞浦一带所产工夫茶茶色鲜亮，条形秀丽。

白琳工夫茶：白琳工夫茶产于福鼎县太姥山白琳、湖林一带。太姥山地处闽东偏北，与浙江毗邻，地势较高，群山叠翠，岩壑争奇，茶树常种于崖林之间。茶树根深叶茂，芽毫雪白晶莹。19世纪50年代，闽、广茶商在福鼎经营和加工工夫茶，广收白琳、翠郊、蹯溪、黄冈、湖林及浙江平阳、泰顺等地的红条茶，集中于白琳加工，白琳工夫茶由此而生。

充分发挥福鼎大白茶的特点，精选细嫩芽叶制成的工夫茶，外形为条索紧结纤秀，含有大量橙黄白毫，具有鲜爽而令人愉快的毫香，汤色与叶底艳丽红亮，取名橘红，意为橘子般红艳、风格独特，在国际市场上大受欢迎。白琳工夫茶系小叶种红茶，当地种植的小叶群体茶种具有茸毛多、萌芽早、产量高的特点，一般的白琳工夫茶，外形条索细长弯曲，茸毫多，呈颗粒绒球状，色泽黄黑，内质汤色浅亮，香气鲜纯有毫香，味清鲜甜和，叶底鲜红带黄。

冲泡用水：采用好的山泉水或者农夫山泉水，茶香醇厚馥郁，冲泡时采用冷却到90摄氏度的水并用中投法进行泡饮。在杯中先注入少量的水，然后缓缓投入茶叶。为保护细嫩的茶芽表面及避免茶叶在杯中激烈翻滚，沿着玻璃杯的杯壁细细地注入水，以保证茶汤的清澈亮丽。

品饮方法：第一至第十泡茶的冲泡时长分别为15秒钟、25秒钟、35秒钟、45秒钟、1分钟、1分10秒钟、1分20秒钟、1分30秒钟、2分钟、2分30秒钟。

赏饮茶汤：开汤汤色为金黄色，入口甘甜感顿生，闻其香，一开始是蜜香味，后来慢慢转成花粉香，杯底香浓郁。其水香味似果、蜜、花等的综合香型，滋味鲜活甘爽，喉韵悠长，沁人心脾，仿佛使人置身于原始森林之中。叶底舒展后，芽尖鲜活，秀挺亮丽。

6. 越红工夫红茶茶艺。

越红工夫红茶系浙江省出产的工夫红茶，以条索紧结挺直，重实匀齐，锋苗显，净度高的优美外形著称。越红工夫红茶索紧细挺直，色泽乌润，外形优美，内质香味纯正，汤色红亮较浅，叶底稍暗。越红工夫红茶毫色为银白色或灰白色。浦江一带所产红茶，茶索尚紧结壮实，香气较高，滋味亦较浓，镇海红茶较细嫩。总的来说，越红工夫红茶条索虽美观，但叶张较薄，香味较次。

清饮越红工夫红茶应选择适宜的茶具，一般选用玻璃杯、瓷杯或宜兴紫砂茶具均可。越红工夫红茶，一般用壶泡法。水温对于冲泡越红工夫红茶至关重要，其影响到越红工夫红茶的品质。冲泡的开水以 95～100 摄氏度的水温为佳。茶叶冲泡时间视茶叶粗细、档次来定。细嫩茶叶冲泡时间较短，约 2 分钟；中叶茶约冲泡 2 分 30 秒钟；大叶茶约冲泡 3 分钟，才会变成沉稳状态。

（二）小种红茶茶艺

小种红茶是福建省的特产。其有正山小种和外山小种之分，正山小种产于政和或者乡桐木关一带，也称“桐水关小种”或“星村小种”。坦洋、北岭、屏南、古田等地所产的仿照正山小种品质的小种红茶，质地较差，统称“外山小种”或“人工小种”。《中国茶经》中所记，正山小种红茶外形条索肥实，色泽乌润，泡水后汤色红浓，香气高长带松烟香，滋味醇厚，带有桂圆汤味，加入牛奶后茶香味不减，形成糖浆状奶茶，汤色更为绚丽。烟熏小种茶是福建省特产。青叶经萎凋、揉捻、发酵完成后，再用带有松柴余烟的炭火烘干。

小种红茶

红茶的特性是茶性温和，滋味醇厚，广效能容，具有极好的兼容性，酸如柠檬，甜如蜜糖，烈如白酒，润如奶酪，辛如肉桂，清如菊花，它都能与之相互融合，相得益彰，调制出美味饮品。所以红茶的饮茶要领不仅仅注重清饮，而更注重调饮。品饮名茶，宜细品慢啜，非下功夫不能够领略其味特点。要领如下：茶的用量，茶水比例为 1 ∶ 60 ～ 1 ∶ 50，如投茶 3 克，加水 150 ～ 180 毫升即可；泡茶水温，一般为 95 ～ 100 摄氏度，根据不同茶类而又有所区别，嫩茶水温略低，老茶水温略高；茶具，宜用玻璃杯、盖碗和茶壶；泡茶时间和次数，泡茶时间一般为 2 ～ 3 分钟，根据个人口味作适当调整，时间越长，味道越浓，通常可泡 5 次以上。

清饮法：在红茶中不加任何其他物品，保持红茶的真香和本味的饮法称为清饮法。其按茶汤的加工方法可分为冲泡法和投饮法。其中以冲泡法为好，既方便，又卫生。冲泡时可用杯，亦可用壶，投茶量因人而异。

红茶宜用投饮法，即先投茶后冲入沸水，冲泡3分钟左右即可饮用。清饮时，静品默赏红茶的真香和本味，味浓香醇，最容易体会到黄庭坚品茶时感受到的“恰似灯下故，万里归来对影，口不能言，心下快活自省”的绝妙境界。

调饮法：在红茶中加入辅料，以佐汤味的饮法称为调饮法。调饮红茶可用的辅料极为丰富，如可用牛奶、糖、柠檬汁、蜂蜜甚至香槟酒进行调配。调出的饮品多姿多彩，风味各异，深受现代各层次消费者的青睐。

七、花茶冲泡艺术

花茶是用植物的花、叶或其果实泡制而成的茶，是中国特有的一类再加工茶。花茶又名香片，利用茶善于吸收异味的特点，将有香味的鲜花和新茶一起闷，茶将花的香味吸收后再把干花筛除，制成的花茶香味浓郁，茶汤色深。花茶又可细分为花草茶和花果茶。饮用其叶或花的称为花草茶，如荷叶茶、甜菊叶茶。饮用其果实的称为花果茶，如无花果茶、柠檬茶、山楂茶、罗汉果茶、有花果茶，其气味芳香并具有养生疗效。花茶是主要以绿茶、红茶或者乌龙茶作为茶坯，配以能够吐香的鲜花作为原料，采用窨制工艺制作而成的茶叶。根据其所用的香花品种不同，其分为茉莉花茶、玉兰花茶、桂花花茶、珠兰花茶等，其中以茉莉花茶产量最大。花茶泡饮，以维护香气不致无效散失和显示茶胚特质美为原则。对于冲泡茶胚细嫩的高级花茶，宜用玻璃茶杯，水温在85摄氏度左右，加盖，观察茶在水中飘舞、沉浮，以及茶叶徐徐开展，复原叶形，渗出茶汁，汤色的变化过程，称为“目品”。3分钟后，揭开杯盖，顿觉芬芳扑鼻而来，精神为之一振，称为“鼻品”。茶汤在舌面上往返流动一两次，品尝茶味和汤中香气后再咽下。

（一）茉莉花茶茶艺

茉莉花茶是将茶叶和茉莉鲜花进行拼和、窨制，使茶叶吸收花香制作而成的，茶香与茉莉花香交互融合，“窨得茉莉无上味，列作人间第一香”。茉莉花茶使用的茶叶称为茶胚，传统的茉莉花茶都以普通绿茶为茶坯，但是现在出了一些创新花茶，其中有素有“绿茶皇后”之称的龙井茶为茶坯，用龙井和广西横县茉莉鲜花拼合窨制而成的茉莉龙井。茉莉龙井打破了茉莉花茶无高端茶的先例，是茉莉花茶中难得一见的花茶珍品。

茉莉花茶

（二）玉兰花茶茶艺

玉兰花茶，以优质五指山春绿茶与优质白玉兰鲜花为原料，精心调制而成，香韵独特、滋味醇厚、回甜，是健康养生茶饮料。玉兰花为中药材辛夷的又一品种，二者性味、功用相同。其挥发油中含柠檬醛、丁香油酚、1，8- 桉叶素。其性味辛温，能祛风通窍，历代被用来治头痛、鼻渊、鼻塞不通、齿痛。近代药理研究认为它有降压和兴奋子宫的作用，故能治痛经和不孕。其煎泡后气味香烈，头痛伴鼻塞者，可在服药茶前以口鼻吸入其蒸汽，可迅速缓解鼻塞。

玉兰花茶

（三）桂花花茶茶艺

桂花花茶是选用清香的优质绿茶和优质金桂花，通过窨花拌和等一系列工序精心窨制而成。其形似绿叶缀金花，汤色金黄明亮，滋味鲜醇甘爽，茶香花香并茂，清雅持久，加入少许蜂蜜，味更甜美，是具排毒功能的美颜茶。桂花花茶具有温补阳气之功效，主治阳气虚弱型高血压病，症见眩晕、头晕、腰痛、畏寒肢冷、大便溏、小便清长、舌质淡、苔白、脉沉细。

桂花花茶

（四）珠兰花茶茶艺

珠兰花茶是以烘青绿茶和珠兰或米兰鲜花为原料窨制而成的。其因香气芬芳幽雅、持久耐贮而深受消费者青睐。其主要产地在安徽歙县，其次在福建漳州、广东广州，以及浙江、江苏、四川等地。其中尤以歙县的珠兰花茶为佳。其品质特征是清芬逊于茉莉花茶，而香烈持久则胜于茉莉花茶。这种茶虽经较长时间的贮存或数次冲泡，其花香仍芬烈隽永。

珠兰花茶

（五）玫瑰花茶茶艺

玫瑰花茶是用鲜玫瑰花和茶叶的芽尖按比例混合，利用现代高科技工艺调制而成的高档茶，其香气浓，轻之别，和而不猛。玫瑰具有疏肝解郁，保护肝脏，促进新陈代谢，强效去脂的作用（但它所去除的油脂只是肠胃道的油脂，而不是已经存在于皮下的脂肪）。玫瑰花茶，可提供纤维质，长期饮用，可清除宿便，维持新陈代谢的功能正常，能让皮肤看起来细嫩，而且也不容易在体内堆积肥肉，可达到减肥的效果。

玫瑰花茶

（六）雪菊花茶茶艺

雪菊，又名两色金鸡菊，原产于美国中西部地区，是中国西部地区广为栽培的一种植物，学名为双色金鸡菊。其由于生长环境污染较少、海拔高，富含多种对人体有益成分，故现今已经逐渐作为一种茶饮普及开来。我国野生雪菊只生长于新疆和田民丰县昆仑山海拔北麓3000米以上的雪域，生长环境极其恶劣，终年积雪，人烟绝迹，且周期慢，花期短，采摘非常艰难，产量极为稀少。随着现代科技的发展，天山山脉的居民已经开始人工培育雪菊，并进行其药用价值的开发。长期服用雪菊，能够明显降低高血压患者的血压，使血压恢复正常，有较好的降低高血压作用；雪菊能明显降低血清中的甘油三酯和胆固醇，有较好的降血脂作用。服用雪菊七天后，能够明显降低高脂血症患者血清中甘油三酯的含量。

雪菊花茶

现代茶文化发展期的茶艺

第一节 发展期的茶艺特点

一、茶是沟通桥梁

茶是沟通最高端的精英文化与最基层的民间文化的一座桥梁。在中国传统文化中，文人雅士们素来有“琴棋书画诗酒茶”的才情对弈，这是中华民族精英文化的至高境界。老百姓的开门“柴米油盐酱醋茶”七件事，传达了中国民间文化生存的朴实需求。事实上，茶在现实生活中，也确实扮演着沟通高雅文化与民间文化的特殊角色，它能使文人们多几分民间情怀，也可使百姓们多几分文人情趣。

二、茶是人际关系的调节阀

茶是抚慰人们心灵的清新剂，是改善人际关系的调节阀。现代社会，人们常常处于极度紧张之中，人与人之间的利益关系使人们变得越来越疏远、越来越冷漠。在这种情势之下，以茶会友、客来敬茶等传统民风，便显现出特殊的亲和力和感染力。在激烈的竞争中，人们往往内心浮躁，充满欲望，当此之际，一杯清茶正可以清心醒脑，涤除烦躁，使心情恢复平静。可以说，茶是最适宜现代人的“时代饮品”，它可以使许多现代人的“现代病”不治而愈。

三、茶是中介体

茶是世俗生活与宗教境界之间的中介体。佛教与茶的关系堪称水乳交融，古来素有“茶禅一味”之说。茶之兴，得益于禅。唐人封演《封氏闻见记》中记载：“学禅务于不寐，又不夕食，皆许其饮茶。人自怀挟，到处煮饮，从此转相仿效，遂成风俗。”可见，茶驱除困魔的功效，恰好为禅家所用。而“天下名山僧占多”，名山又多产好茶，近水楼台，茶为禅用，也是顺理成章。但是，仅有渊源还不够，茶禅之所以能够一味，还有更深的禅机。禅宗讲究顿悟，顿悟强调的是“当下体验”，这种体验往往只能意会，不能言传。恰恰就在这一点上，禅与茶“神合”了。当手捧茶杯，欣赏着一片片翩然下坠的茶芽，品味着集香、甜、苦、涩诸多味道于一身的茶汁，体验着那只可意会、不可言传的禅境时，人们也能感受到一种“虚融淡泊”的心情。这就是“茶禅一味”的真谛。

四、茶是通往诗化生活的重要媒介

现代工业文明带给人类的最大缺失，是我们越来越远离大自然、远离绿色、远离诗意。德国思想家海德格尔就此提出了一个有名的命题，叫作“人需要诗意的安居”。这成了许多发达国家的人们一心追求的理想境界。今天，中国各地茶文化的勃兴，恰好反映了中国人面对现代化的挑战和社会的急剧转型，迫切需要某种具有示范作用和象征意义的文化符号，来平衡民族的心态，净化和静化人们的心灵。这个文化符号，可以是中国书画，可以是气功，可以是京剧，但是，最广泛和最典型的，莫过于茶。茶是最容易诱发诗意的精灵，它与诗歌、音乐、书法、绘画等艺术形式自古就是相通的，无论哪种艺术形式与茶融合，都可以平添几分诗意，使人脱俗近雅。

五、茶是东方伦理和东方哲学的集中体现

中华文化非常重视将伦理道德渗透到人们的日常生活中去，而茶恰恰充当了这样的中介。日本茶道讲究“清、静、和、寂”；台湾地区的“紫藤茶艺”讲究“正、静、清、圆”；中国茶学大师庄晚芳教授提出的“中国茶德”讲究“廉、美、和、静”……这些精辟的概括，无不体现了东方人在茶身上所寄托的理想境界。它们是茶德，是伦理，同时也是哲学。周渝先生曾提出中国茶文化的最高境界是“天人合一”。而耐人寻味的是，国学大师钱穆先生在临终之前口述的一篇文章中，也提出“天人合一”的思想是中华文化对人类所作出的最大贡献，他认为“惟到最近始彻悟此一观念，实是整个中国传统文化思想之归宿处”，并强调“我深信中国文化对世界人类未来求生存之贡献，主要亦即在此”。钱穆先生的这段话被中外学术界称为他的“文化遗嘱”。虽并不想把茶文化抬举到不适当的高度，但是，在体现“天人合一”这一点上，茶的确是达到了中华传统文化的最高层次。

第二节　发展期的茶叶种类

一、袋泡茶

有关专利资料显示，1903 年已经出现手工缝制的丝绸棉布袋。1904 年袋泡茶在商业上已经获得成功。有一种说法是 1904 年美国纽约商人汤姆斯·沙利文为了扩大销售，用一种小丝袋装茶叶作为样品寄给买主。有一位买主收到样品后偶然疏忽，连丝袋一道放在杯子里浸泡，结果完全出人意料——他的客户认为茶叶装在小丝袋里使用很方便，订单纷至沓来。然而交货后，客户又大失所望——茶叶依然是散装的，并没有那种使用方便的小丝袋，于是产生了抱怨。沙利文毕竟是一个聪明的商人，从这件事得到了启示，很快用一种薄纱布代替丝绸制成的小袋，加工成一种新型小袋装茶叶，很受消费者欢迎。这个小小的发明给沙利文带来了可观的利润。世界上第一批袋泡茶就这样产生了！

人们饮用的袋泡红茶、绿茶及花茶，一般都是冲泡一次后就将茶渣弃掉了。因为这种茶叶在加工制造时通过切揉，充分破坏了叶细胞，形成颗粒状或形状细小的片状，茶叶中的有效可溶物冲泡时很容易被浸出来。用沸水冲泡袋泡花茶、红茶、绿茶，经 3 分钟以后，第 1 次就能溶出可溶物总量的 55% 左右；第 2 次冲泡为 30%；第 3 次冲泡为 10% 左右；第 4 次冲泡只有 1% ～ 3%。从茶叶含有的维生素和氨基酸被溶出的情况来看，在第一次冲泡时就有 80% 被浸出；第 2 次冲泡时浸出率达到 95% 以上；茶叶所含的其他有效成分如茶多酚、咖啡因等也大都如此。

袋泡茶

二、速溶茶

速溶茶是一种能迅速溶解于水的固体饮料茶。其以成品茶、半成品茶、茶叶副产品或鲜叶为原料，通过提取、过滤、浓缩、干燥等工艺过程，加工成一种易溶于水而无茶渣的颗粒状、粉状或小片状的新型饮料，具有冲饮携带方便，不含农药残留等优点。速溶茶分为纯茶与添料调配茶两类，纯茶常见的有速溶红茶、速溶绿茶、速溶铁观音、速溶乌龙茶、速溶茉莉花茶、速溶普洱茶等。添料调配茶有含糖的红茶、绿茶、乌龙茶以及柠檬红茶、奶茶、各种果味速溶茶等。目前，大红袍、凤凰单枞、金骏眉等几大名茶也推出即溶茶产品。

工序：速溶茶制造工序包括水处理、选料、浸提、过滤、净化、浓缩、配料拌和、干燥。速溶茶加工并非简单地将茶汤浓缩干燥就行，它必须应用高科技手段克服茶难溶、易潮解、无茶香的弊病。因为速溶茶茶汁的浓缩与干燥是关键，一般热浓缩，易更新换代茶香，茶汤易褐变。因此，现已有人着手研究应用常温膜浓缩技术，效果非常好，所谓膜浓缩，就是选择一孔隙度的半透透性膜，只允许水分子透过，而茶叶干物质成分不能透过，这样把水分减少到一定程度，达到浓缩的目的。

速溶茶

我国速溶茶的研制和生产，始于20世纪70年代末、80年代初，当时在上海、长沙、杭州进行了试验和生产，首先研制了真空冷冻干燥的产品，尔后研制了喷雾干燥的产品，这两种速溶茶产品都有各自的特点：真空冷冻干燥的产品，由于干燥过程在低温状态下进行，茶叶的香气损失少，并保持了原茶的香味，但干燥时间长、能耗大、成本高；喷雾干燥的产品在高温条件下雾化迅速干燥，芳香物质损失，外形呈颗粒状，流动性能好，成本低。这两种速溶茶产品，其干燥成本前者是后者的6～7倍，因此，国内外生产速溶茶产品都广泛使用喷雾干燥方法。

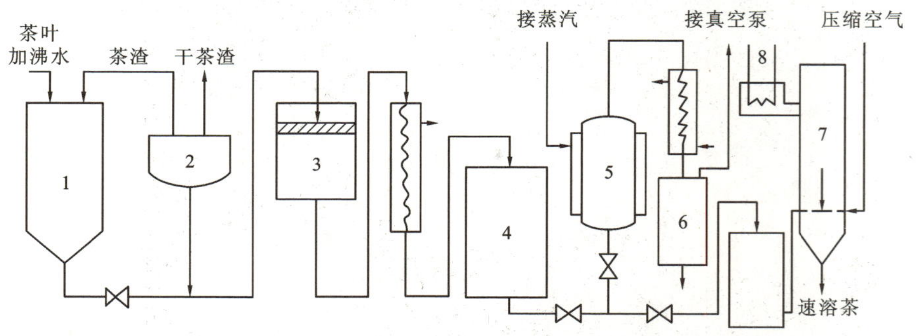

速溶茶加工工艺流程示意图

1—提取；2—离心；3—过滤；4—贮液；5—浓缩；6—冷凝水；7—喷雾干燥；8—电热器

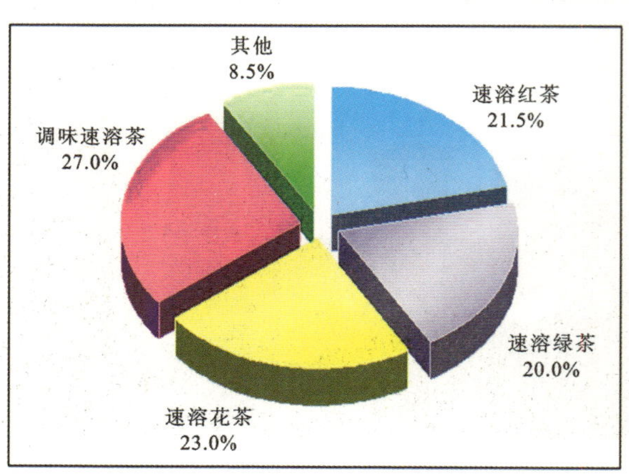

2010年速溶茶产品市场结构统计

我国速溶茶的主要品种有速溶红茶、速溶绿茶、速溶普洱茶、速溶保健茶，还有未经干燥的浓缩茶汁，如乌龙茶浓缩汁等。

三、罐装茶饮料

茶饮料按其原辅料不同分为茶汤饮料和调味茶饮料。茶汤饮料又分为天然型茶饮料和发酵型茶饮料，其中天然型茶饮料又分为浓茶型茶饮料和淡茶型茶饮料。调味茶饮料还可分为果味茶饮料、果汁茶饮料、碳酸茶饮料、奶味茶饮料及其他茶饮料。

罐装茶饮料

按中国软饮料分类的国家标准和有关规定，茶汤饮料是指以茶叶的水提取液或其浓缩液、速溶茶粉为原料，经加工制成的，保持原茶类应有风味的茶饮料；果汁茶饮料是指在茶汤中加入水、原果汁(或浓缩果汁)、糖液、酸味剂等调制而成的制品，成品中原果汁含量不低于5.0%；果味茶饮料是指在茶汤中加入水、食用香精、糖液、酸味剂等调制而成的制品；碳酸茶饮料是指在茶汤中加入水、糖液等经调味后充入二氧化碳的制品；奶味茶饮料是指在茶汤中加入水、鲜乳或乳制品、糖液等调制而成的茶饮料。

第七章

民族茶艺

第一节 禅 茶

禅茶是指寺院僧人种植、采制、饮用的茶，主要用于供佛、待客、自饮、结缘赠送等。禅是一种境界。讲求的“茶禅一味”，“茶”是物质的灵芽，“禅”是心悟，“一味”就是心与茶、心与心的相通。中国茶禅文化精神概括为“正、清、和、雅”。“茶禅一味”的茶禅文化，是中国传统文化史上的一种独特现象，也是中国对世界文明的一大贡献。茶与禅本是两种文化，在其各自漫长的历史发展中发生接触并逐渐相互渗透、相互影响，最终融合成一种新的文化形式，即茶禅文化。

禅茶茶艺属于宗教茶艺。禅茶中有禅机，禅茶的每道程序都源自佛典，启迪佛性，昭示佛理。禅茶茶艺还是最适合用于修身养性，强身健体的茶艺，套禅茶茶艺共十八道程序，使人们放下世俗的烦恼，抛弃功利之心，以平和虚静之心，来领略“茶禅一味”的真谛。

冲泡禅茶的用具包括炭炉一个、陶制烧水壶一把、根雕茶桌一张、兔毫盏若干个、茶洗一个、有把手的泡壶一把、香炉一个、香一支、木鱼一个、磬一个、铁观音茶 10 ～ 15 克、茶道一套、佛乐磁带一盒。其冲泡过程如下。

禅茶香炉

礼佛:【焚香合掌】焚香合掌的同时播放《赞佛曲》《心经》《戒定真香》《三皈依》等梵乐或梵唱，让幽雅、庄严、平和的佛乐声，像一只温柔的手，把人的心牵引到虚无缥缈的境界，使人烦躁不宁的心平静下来。

调息:【达摩面壁】“达摩面壁”是指禅宗初祖菩提达摩在嵩山少林寺面壁坐禅的故事。面壁时助手可伴随着佛乐，有节奏地敲打木鱼和磬，进一步营造祥和、肃穆的气氛。主泡者应指导客人随着佛乐静坐调息。静坐的姿势以佛门七支坐法为最好。所谓七支坐法，就是指在静坐时肢体应注意七个要点。其一，双足跏趺也称为双盘足。如果不能双盘亦可用单盘。左足放在右足上面，叫作如意坐。右足放在左足上面，叫作金刚坐，开始习坐时，有人连单盘也做不了，也可以把双腿交叉架住。其二，脊梁直竖，使背脊每一个骨节都如算盘珠子般叠竖在一起，使肌肉放松。其三，左右两手环结在丹田下面，平放在胯骨部分。两手手心向上，把右手手背平放在左手手心上面，两个大拇指轻轻相抵。这叫结手印，也叫作三昧印或定印。其四，左、右双肩稍微张开，使其平整适度，不可沉肩弯背。其五，头正，后脑稍微向后收放，前腭内收而不低头。其六，双目似闭还开，视若无睹，目光可定在座前七八公尺处。其七，舌头轻微舔抵上颚，面部微带笑容，全身神经与肌肉都自然放松。在佛乐中保持这种静坐的姿势 10 ～ 15 分钟。静坐时应配有坐垫，坐垫厚两三寸。如果配有椅子，亦可正襟危坐。

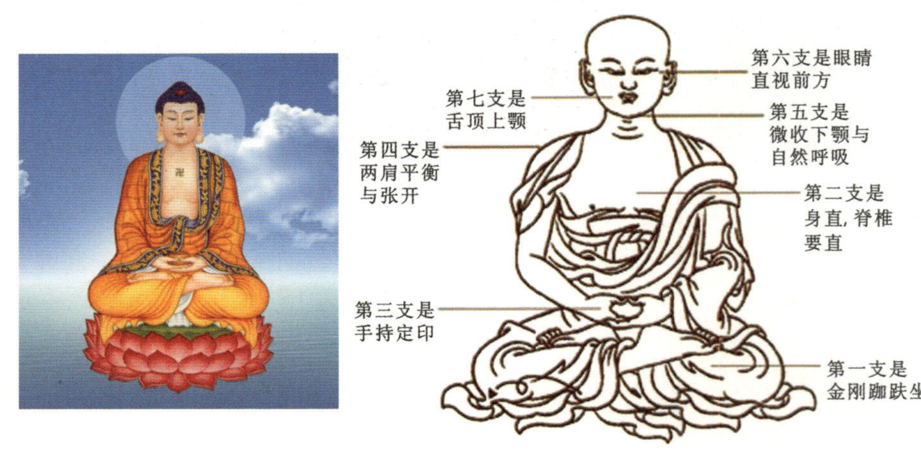

七支坐法

煮水：【丹霞烧佛】在调息静坐的过程中，一名助手开始生火烧水，称为“丹霞烧佛”。“丹霞烧佛”典出于《祖堂集》卷四。据记载丹霞天然禅师于惠林寺遇到天寒，就把佛像劈了烧火取暖。寺中主人讥讽他，禅师说：“我焚佛尸寻求舍利子(即佛骨)。”主人说：“这是木头的，哪有什么舍利子？”禅师说：“既然是这样，我烧的是木头，为什么还要责怪我呢？”于是寺主无言以对。“丹霞烧佛”时要注意观察火相，从燃烧的火焰中去感悟人生的短促及生命的辉煌。

丹霞烧佛

候汤：【法海听潮】佛教认为“一粒粟中藏世界，半升铛内煮山川”。从小中可以见大，从煮水候汤听水的初沸、鼎沸声中，人们会有“法海潮音，随机普应”的感悟。

法海听潮

法轮常转

香汤浴佛

洗杯:【法轮常转】“法轮常转”典出于《五灯会元》卷二十。径山宝印禅师云：“世尊初成正觉于鹿野苑中，转四谛法轮，陈如比丘最初悟道。”法轮喻指佛法，而佛法就在日常平凡的生活琐事之中。洗杯时眼前转的是杯子，心中动的是佛法。洗杯的目的是使茶杯洁净无尘，礼佛修身的目的是使心中洁净无尘。用转动杯子的手法洗杯时，或许可看到杯转而心动悟道。

烫壶：【香汤浴佛】佛教最大的节日有两天，一是四月初八的佛诞日，二是七月十五的自恣日，这两天都叫“佛欢喜日”。佛诞日要举行“浴佛法会”，僧侣及信徒们要用香汤沐浴太子像（即释迦牟尼佛像）。用开水烫洗茶壶称为“香汤浴佛”，表示佛无处不在，亦表明“即心即佛”。

赏茶：【佛祖拈花】佛祖“拈花微笑”典出于《五灯会元》卷一。据载：世尊在灵山会上，拈花示众，是时众皆默然，唯迦叶尊者破颜微笑。世尊曰：“吾有正法眼藏，涅槃妙心，实相无相，微妙法门，不立文字，教外别传，付嘱摩柯迦叶。”借助“佛祖拈花”这道程序，向客人展示茶叶。

佛祖拈花

投茶：【菩萨入狱】地藏王是佛教四大菩萨之一。据佛典记载，为了救度众生，救度鬼魂，地藏王菩萨表示：“我不下地狱，谁下地狱？”“地狱中只要有一个鬼，我永不成佛。”投茶入壶，如菩萨入地狱，赴汤蹈火，泡出的茶水可振万民精神，如菩萨救度众生。在这里茶性与佛理是相通的。

冲水：【漫天法雨】佛法无边，润泽众生，泡茶冲水如漫天法雨普降，使人醍醐灌顶，由迷达悟。壶中升起的热气如慈云氤氲，使人如沐浴春风，心萌善念。

漫天法雨

洗茶：【万流归宗】五台山著名的金阁寺有一副对联："一尘不染清静地，万善同归般若门。"茶本洁净仍然要洗，追求的是一尘不染。佛教传到中国后，一花开五叶，千佛万神各门各派追求的都是大悟大彻，"万流归宗"，归的都是般若之门。"般若"是梵语音译词，即无量智能，具此智能便可成佛。

泡茶：【涵盖乾坤】"涵盖乾坤"典出于《五灯会元》卷十八。惠泉禅师曰："昔日云门有三句，谓涵盖乾坤句，截断众流句，随波逐流句。"这三句是云门宗的三要义，涵盖乾坤意谓真如佛性处处存在，包容一切，万事万物无不是真知妙体，在小小的茶壶中也蕴藏着博大精深的佛理和禅机。

分茶：【偃溪水声】"偃溪水声"典出于《景德传灯录》卷十八。据载有人问师备禅师："学人初入禅林，请大师指点门径。"师备禅师说："你听到偃溪水声了？"来人答："听到。"师备便告诉他："这就是你悟道的入门途径。"禅茶茶艺讲究：壶中尽是三千功德水，分茶细听偃溪水声。斟茶之声亦如偃溪水声可启人心智，警醒心性，助人悟道。

偃溪水声

敬茶:【普度众生】禅宗六祖慧能有偈云:“佛法在世间,不离世间觉,离世求菩提,恰似觅兔角。”菩萨是梵语的略称,全称应为菩提萨陲。菩提是觉悟,萨陲是有情。所以菩萨是上求大悟大觉——成佛;下求有情——普度众生。敬茶意在以茶为媒介,使客人从茶的苦涩中品出人生百味,达到大彻大悟,得到大智大慧,故称为“普度众生”。

闻香:【五气朝元】“三花聚顶,五气朝元”是佛教修身养性的最高境界,五气朝元即做深呼吸,尽量多吸入茶的香气,并使茶香直达颅门,反复数次,这样有益于健康。

五气朝元

观色：【曹溪观水】曹溪是地名，在广东曲江县双峰山下，唐仪凤二年（676 年），六祖慧能住持曹溪宝林寺，此后曹溪被历代禅者视为禅宗祖庭。曹溪水喻指禅法。《密庵语录》载：“凭听一滴曹溪水，散作皇都内苑春。”观赏茶汤色泽称为“曹溪观水”，暗喻要从深层次去看是色是空，同时也提示：“曹溪一滴，源深流长”（《塔铭九卷》）。

品茶：【随波逐浪】“随波逐浪”典出于《五灯会元》卷十五，是“云门三句”中的第三句。云门宗接引学人的一个原则，即随缘接物，去自由自在地体悟茶中百味，对苦涩不厌憎，对甘爽不偏爱，只有这样品茶才能心性闲适，旷达洒脱，才能从茶水中品悟出禅机佛礼。

回味：【圆通妙觉】“圆通妙觉”即大悟大彻，圆满之灵觉。品了茶后，对前边的十六道程序，再细细回味，便会：“有感即通，千杯茶映千杯月；圆通妙觉，万里云托万里天。”乾隆皇帝登上五台山菩萨顶时，曾写过一联：“性相真如华海水，圆通妙觉法轮铃。”这是他登山的体会，稍做改动：“性相真如杯中水；圆通妙觉烹茶声。”即是品禅茶的绝妙感受。佛法佛理就在日常最平凡的生活琐事之中，佛性真知就在人们自身的心底。

谢茶：【再吃茶去】饮罢了茶要谢茶，谢茶是为了相约再品茶。“茶禅一味”，茶要常饮，禅要常参，性要常养，身要常修。中国前佛教协会会长赵仆初先生讲得最好：“七碗受至味，一壶得真趣，空持百千偈，不如吃茶去！”

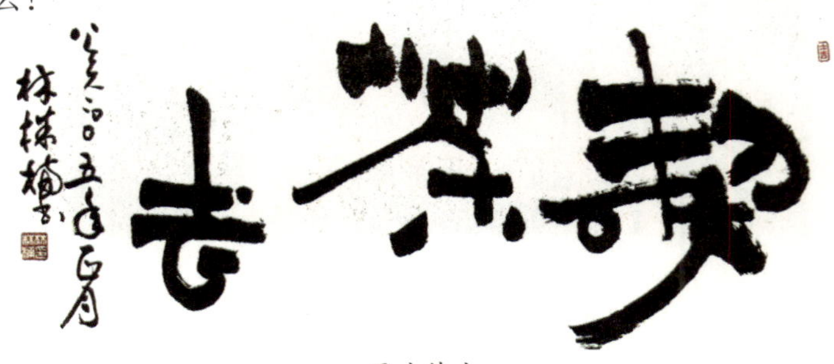

再吃茶去

第二节　中华地方特色茶

一、四川盖碗茶

四川的茶馆，多以竹为棚，摆满竹桌、竹椅，清风徐来，茶香弥漫。茶多用茉莉花茶、龙井、碧螺春等。而茶具则选用北方讲究的盖碗。此茶具茶碗、茶船、茶盖三位一体，各自有其独特的功能。茶船即托碗的茶碟，以茶船托杯，既不会烫坏桌面，又便于端茶。茶盖有利于尽快泡出茶香，又可以刮去浮沫，便于看茶、闻香、喝茶。茶盖倒置，又是凉茶、饮茶的便利容器。品茶之时，茶盖置于桌面，表示茶杯已空。茶客临时离去，将茶盖扣置于竹椅之上，表示人未走远，少时即归。茶博士的斟茶技巧，又是四川茶楼一道独特的风景线。水柱凌空而降，泻入茶碗，翻腾有声；须臾之间，戛然而止，茶水恰与碗口平齐，碗外无一滴水珠，这既是一门绝技，又是艺术的享受。

四川盖碗茶展厅

四川盖碗茶表演

二、江浙熏豆茶

熏豆茶又称烘豆茶，喝熏豆茶是江浙一带的汉族传统的饮茶习俗。熏豆茶是一道以熏豆为主料，加上其他辅料一齐冲泡而成的茶点。辅料一般为胡萝卜干、橘皮、桂花、芝麻和绿茶叶之类，另有讲究的人家还加入震泽黑豆腐干、扁尖、笋尖或青橄榄等。熏豆茶和绿茶被用来作为招待“毛脚女婿”首次登门的礼仪。换句话说，也就是“毛脚女婿”喝了甜蜜的锅粢茶、咸味的熏豆茶和清淡的绿茶这三杯茶，就算过了丈母娘的“第一关”。湖州东郊农村几乎家家户户爱将熏豆茶作为正月招待亲友及婚礼宴席的首选饮品。

熏豆

当地人制作熏豆十分讲究。熏豆的烘制是在每年农历“秋分”过后。首先要选上好的嫩毛豆，必须是秋季的晚黄豆，以香粳豆为佳，或当水稻即将成熟时，用一种名为“落霜青”的稻熟毛豆，它鲜嫩饱满，粒大色青，以不太嫩也不太老的为上品；如果是“寒露”前后，毛豆饱满而未老之际，选青毛豆。先剥出豆粒，清水漂洗去豆衣、边膜，然后将豆粒肉放在锅里用开水煮熟。煮豆的柴火需用从早春养蚕的桑树上剪下的称为“桑钉”的枝条。在水煮沸青毛豆至半熟时，加适量盐和味精，滤干，捞掉豆衣之后，摊在铁丝网的筛子上，用炭火焙烘，民间称之为“熏”。“熏”有两种作用：一是经过烘烤，可以杀菌，并使食品中的水分大部分挥发，提高防腐能力；二是能产生一种特别的清香。青毛豆熏后即成为熏豆。其不可用柴火或煤火熏，否则会染烟火气和煤气。火热忌猛，以文火为宜，并需不断翻拌筛内烘豆，一般需熏烘 5 个小时左右。当反复翻动至青毛豆干燥发出“索索”之声后，青毛豆水分蒸发后微硬，表皮起皱，有香气逸出，即成“熏豆”。这样烘成的熏豆，熟而不焦，酥而不硬，清香可口，余味无穷。

熏豆茶

此时，熏豆呈翠绿色，嚼之清香软糯，其味鲜美，回味无穷，且开胃生津，老少皆宜。其既便于贮藏，又便于携带。农家一般都将其贮藏于罐内，或用布袋装好，放进土制的石灰窖中，隔年都不会变质。熏豆茶中只有少量嫩绿的茶叶，更多的是被称为“茶里果”的佐料，其种类繁多，一般有以下几种。第一种是熏豆，具有馨香扑鼻、咸淡相宜、和胃益中等特点。第二种是芝麻，一般选用颗粒饱满的白芝麻炒至芳香即可。第三种，民间叫“卜子”，其学名为“紫苏”。熏豆茶中所用的紫苏以野生者为上。只可惜目前野生者渐少，多以人工培育者代之。紫苏经炒制以后，不但芳香浓烈，还具有理气开窍、消食和胃的药理作用。第四种为橙皮，是一种产于太湖流域的酸橙之皮。其也可用蜜饯中的“九制陈皮”代之，但更多的却由民间自制。它们是由橘子皮经煮、刮、切、腌、晒等多道工序加工而成的，具有理气健胃之功效。第五种为丁香萝卜干，即胡萝卜干。胡萝卜洗净切丝后有两种制法，一种是以适量的盐生腌后晒干即成;另一种是煮熟后腌制，晾干。后者更适宜牙齿不便的老年人食用。

以上五种，是熏豆茶中必备的“茶里果”。一般在冲泡前应以适量的比例调和，装入储存罐中备用。此外，不少好客的湖州人还根据各自的喜好和条件，在“茶里果”中加入扁尖笋干、香豆腐干、咸桂花、腌姜片等多种佐料。但其中有个原则务必遵循，那就是所放的佐料既不能是腥膻油腻之物，又不能造成茶汤的浑浊。此外，在佐料的搭配上应根据客人的爱好，做到恰如其分，如果嫌淡，还可酌加食盐和味精。“茶里果”投放完毕以后，再放上几片嫩绿的茶叶，以沸水冲泡，一碗兼有“色、香、味、形”特点的熏豆茶就可品尝了。

三、江西修水菊花茶

修水菊花茶是江西省修水县的特色小吃。其主要特点是以修水本地腌制的盐菊花为主料，配以茶叶、芝麻、黄豆、萝卜、柑橘皮、生姜、川芎、花生等佐料，冲泡成色、香、味俱佳的“什锦茶”饮品。此茶在修水家家必备，为待人接客之佳品。修水菊花茶可提神醒脑，清心明目，去郁下气，助阴润肺，温中补气，化痰止咳，澄血祛风，去湿防寒，清热解毒，具有补充盐分、消除疲乏、解渴充饥等功效。修水菊花茶所用茶料均出自本土，有的直接取自野生，如菊花、川芎、黄连芽等，备料方便，加工简单，经济实惠。

修水菊花茶

制菊花茶颇有几分讲究，佐料也极考究。八九月间摘的新菊，去其花蒂，洗尽晒干，用盐腌制；将生姜、萝卜、橘皮细垛成丁，也用盐腌制，生姜、萝卜还需晒干，以便贮存。同样拌以炒得喷香的黄豆、花生、芝麻、米粒，还有花椒。一杯茶端上来，上不见水，下不见底。若用玻璃杯冲泡之，层次更见分明，芝麻、黄豆、花生、炒米、花椒悬浮在上，生姜、萝卜、茶叶、橘皮静沉水底，其中菊瓣如云，或升或沉，怡趣自然。茶香袅袅，芽尖剔透，白菊晶莹，观之赏心悦目，啜之齿颊留香，令人心旷神怡，飘然若仙。这就是地地道道的菊花茶，因其佐料共有十样，故又称什锦茶。郑板桥曾有联曰：“白菜青盐精米饭，瓦壶天水菊花茶。”足见此茶不同凡响。

江西修水菊花茶配料

四、云南白族三道茶

三道茶也称三般茶，是云南白族招待贵宾时的一种饮茶，属于茶文化的范畴。驰名中外的白族三道茶，以其独特的“头苦、二甜、三回味”的茶艺早在明代就已成了白族待客交友的一种礼仪。白族三道茶，以前，一般由家中或族中长辈亲自司茶；现今，也有小辈向长辈敬茶的。制作三道茶时，每道茶的制作方法和所用原料都是不一样的。

第一道茶：称为“清苦之茶”，寓意做人的哲理——要立业，先要吃苦。制作时，先将水烧开。再由司茶者将一只小砂罐置于文火上烘烤。待罐烤热后，随即取适量茶叶放入罐内，并不停地转动砂罐，使茶叶受热均匀，待罐内茶叶“啪啪”作响，叶色转黄，发出焦糖香时，立即注入已经烧沸的开水。少顷，主人将沸腾的茶水倾入茶盅，再用双手举盅献给客人。这种茶由于经烘烤、煮沸而成，因此，看上去色如琥珀，闻起来焦香扑鼻，喝下去滋味苦涩，故而谓之苦茶，通常只有半杯，一饮而尽。

第二道茶：称为“甜茶”。当客人喝完第一道茶后，主人重新用小砂罐置茶、烤茶、煮茶。与此同时，还得在茶盅内放入少许红糖、乳扇、桂皮等，待煮好的茶汤倾入八分满为止。

第三道茶：称为“回味茶”。其煮茶方法与前相同，只是茶盅中放的原料已换成适量蜂蜜，少许炒米花，若干粒花椒，一撮核桃仁，茶容量通常为茶盅的六七分满。饮第三道茶时，一般是一边晃动茶盅，使茶汤和佐料均匀混合；一边口中“呼呼”作响，趁热饮下。这杯茶，喝起来甜、酸、苦、辣，各味俱全，回味无穷。它告诫人们，凡事要多“回味’，切记“先苦后甜”的哲理。

白族三道茶

五、藏族酥油茶

藏族人民视茶为神之物，从历代赞普至寺庙喇嘛，从土司到普通百姓，因其食物结构中，乳肉类占很大比重，而蔬菜、水果较少，故藏民以茶佐食，餐餐必不可少。他们流传着“宁可三日无粮，不可一日无茶”的说法。藏族饮茶主要有酥油茶、奶茶、盐茶、清茶几种方式，调查结果表明：藏族酥油茶是最受欢迎的饮用方式（平均达 73.9%），其次是奶茶。在西藏的每一个藏族家庭，随时随地都可以见到酥油。酥油是每个藏族人每日不可缺少的食品。藏族家庭里一天至少要饮三次茶，有的甚至多达十几次。简单地说，将特制的茶叶做成汁，加以酥油、食盐和精制的香料，在茶桶中用茶杆搅拌成水乳交融状，即是酥油茶。藏族酥油茶是一种以茶为主料（藏语为“恰苏玛”，意思是搅动的茶），并加有多种食物经混合而成的液体饮料，因此滋味多样，喝起来咸里透香，甘中有甜，它既可暖身御寒，又能补充营养。酥油是从牛、羊奶中提炼出来的。以前，牧民提炼酥油的方法比较特殊，先将奶汁加热，然后倒入一种称作“雪董”的大木桶(高 4 尺，直径 1 尺左右)里，用力用“甲罗”——打酥油茶用的木棍，上下抽打，来回数百次，搅得油水分离，上面浮起一层湖黄色的脂肪质，把它舀起来，灌进皮口袋，冷却了便成为酥油。现在，许多地方逐渐使用奶油分离机提炼酥油。一般来说，一头母牛每天可产四五斤奶，每百斤奶可提取五六斤酥油。酥油有多种吃法，主要是打酥油茶喝，也可放在糌粑里调和着吃。在碗里盛适量酥油茶，搁一片酥油使之溶化，再掺入糌粑搅拌而成“玛巴”。抓糌粑时，大拇指扣住碗沿，其余四指不停地转动，待酥油与糌粑拌匀便捏成小团而食。逢年过节炸果子，也用酥油。藏族群众平日喜欢喝酥油茶。

酥油茶

品茶规矩：客人被让座到藏式方桌边时，主人便拿过一只木碗(或茶杯)放到客人面前。主人或主妇提起酥油茶壶摇晃几下，给客人倒上满碗酥油茶。倒茶时，茶壶要轻轻摇晃几次，使茶油匀称，壶底不能高过桌面，以示对客人的尊重。刚倒下的酥油茶，客人不马上喝，先和主人聊天。主人再次提过酥油茶壶站到客人面前时，客人端起碗来，用无名指沾茶少许，弹洒三次，奉献给神、龙和地灵。然后在酥油碗里轻轻地吹一圈，将浮在茶上的油花吹开，然后呷上一口，并赞美道："这酥油茶打得真好，油和茶分都分不开。"饮茶不能太急太快，不能一饮到底，留一半左右，等主人添上再喝。客人把碗放回桌上，主人再给添满。就这样，边喝边添，一般以喝三碗为吉利，而不一口气喝完。

抓糌粑

六、蒙古族咸奶茶

蒙古族主要居住在内蒙古及靠近其边缘的一些省、区，喝咸奶茶是他们的传统饮茶习俗。蒙古族喝的咸奶茶，用的多为青砖茶或黑砖茶，煮茶的器具是铁锅。制作时，应先把砖茶打碎，并将洗净的铁锅置于火上，盛水 2 ～ 3 千克，烧水至刚沸腾时，加入打碎的砖茶 25 克左右。当水再次沸腾 5 分钟后掺入奶，其用量为水量的 1/5 左右。稍加搅动，再加入适量食盐，等到整锅咸奶茶开始沸腾时，即可盛在碗中待饮。煮咸奶茶的技术性很强，茶汤滋味的好坏，营养成分的多少，与用茶、加水、掺奶，以及加料次序的先后都有很大的关系。如果茶叶放迟了，或者加茶和奶的次序颠倒了，茶味就会出不来；如果煮茶时间过长，又会丧失茶香味。蒙古族同胞认为，只有器、茶、奶、盐和温度互相协调，才能制成咸香适宜、美味可口的咸奶茶来。在内蒙古，姑娘从懂事起，母亲就会向其传授煮茶技艺；当其出嫁时，在新婚燕尔之际，便当着亲朋好友的面，显露煮茶的本领。

咸奶茶

七、傣族、拉祜族竹筒香茶

傣族竹筒茶，是傣族人民世代相袭的一道待客的传统茶饮。其配料有采自千年古茶园原生态的晒青毛茶或新鲜茶叶、蜂蜜及甘甜清澈的纯天然山泉水。竹筒茶的制作方法甚为奇特，即用晒干的春茶，或经初加工而成的毛茶，装入刚刚砍回的生长期为一年左右的嫩香竹筒中，放在火塘三脚架上烘烤，6～7分钟后，竹筒内的茶便软化。用木棒将竹筒内的茶压紧，尔后再填满茶烘烤。如此边填、边烤、边压，直至竹筒内的茶叶填满压紧为止。待茶叶烘烤完毕，用刀剖开竹筒，取出圆柱形的竹筒茶，以待冲泡。

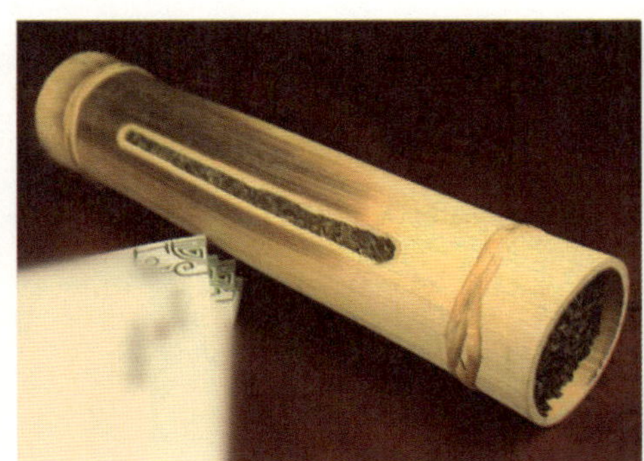

装茶烤茶

泡茶时，大家围坐在小圆竹桌四周。其一般可分两步进行。先掰下少许竹筒茶，放在茶碗中，冲入沸水至七八分满，3～5分钟后，就可开始饮茶。竹筒茶饮起来，既有茶的醇厚滋味，又有竹的浓郁清香，非常可口，所以，有耳目一新之感。难怪傣族同胞，不分男女老少，人人都爱喝竹筒香茶。竹筒茶其色金黄透亮，具有生津止渴、健体美容之效，是一道傣族同胞敬奉宾客的礼仪茶饮。

八、怒族盐巴茶

盐巴茶是怒江州一带怒族一种较为普遍的饮茶方法。先将小罐放在火炭上烤，取一把青毛茶或掰一块饼茶放入罐中烤香，再将事先煨沸的开水加入罐中，至沸腾翻滚 3 ～ 5 分钟后，去掉浮沫，将盐巴块放在瓦罐中，并持罐摇动，使茶水环转三五圈，再将茶汁倒入茶盅，茶盅中再加适量开水稀释。这种茶汁呈橙黄色，这样边煨边饮，一直到小陶罐中茶味消失为止。剩下的茶叶渣用来喂马、喂牛可增进其食欲。由于怒江州一带怒族地处高寒山区，缺少蔬菜，就常以茶代蔬菜。现在，怒族人家里每人有一个土陶罐。“苞谷粑粑盐巴茶，老婆孩子一火塘”，形象地描述了怒族人围坐在火塘边，边吃包谷粑边饮茶的生活情景。茶叶已成为怒族人民的生活必需品，他们每日必饮三次茶。“早茶一盅，一天威风；午茶一盅，劳动轻松；晚茶一盅，提神去痛。一日三盅，雷打不动”，已成为怒族的饮茶谚语。

盐巴茶

九、土家族擂茶

各地擂茶的制作方法各有不同，尤其是配料的选择差别较大。其按地域和族群可以分为客家擂茶和湖南（非客家）擂茶两大类。比如福建西北部民间的擂茶是将茶叶和适量的芝麻置于陶制的擂罐中，用茶木棍研成细末后加滚开水制作而成。广东的清远、英德、陆河、揭西、普宁等地聚居的客家人所喝的客家擂茶，是把茶叶放进牙钵（内壁有纹路的擂茶陶盆）擂成粉末后，依次加上熟花生、芝麻后旋转研捣，再加上一点盐和香菜，用滚烫的开水冲泡而成。湖南的桃源一带有喝芝麻擂茶的特殊习俗，是把茶叶、生姜、生米放到山楂木做的碾钵里擂碎，然后冲上沸水饮用。若能再放点芝麻、细盐进去则滋味更为清香可口。喝擂茶一要趁热，二要慢咽，只有这样才会有“九曲回肠，心旷神怡”之感。湖南的桃江擂茶以芝麻和花生为主，放入碾钵里擂碎，后用白开水冲泡，再放点白糖。擂茶制成后黏稠如糊，色呈淡咖啡色，香气扑鼻，入口滑溜柔润、甜爽。制法大致和桃源擂茶相同，只是在吃法上各有不同。桃江擂茶一般放糖，成为“甜饮”。而桃源擂茶则放盐，大多为“咸食”。桃江的妇女怀孕后，有特别要喝擂茶的习俗，说喝擂茶越多，养出的婴儿越白胖。

擂茶

客家擂茶

擂茶是客家人的特制饮料，其制作方式与风味别具特色。“擂”茶的用具是擂棍和擂钵。前者取一根粗的樟、楠、枫、茶等可食杂木，长短 2 ～ 4 尺不等，上端刻环沟系绳悬挂，下端刨圆便于擂转；后者乃内壁布满辐射状沟纹而形成细牙的特制陶盆，有大有小，呈倒圆台状。擂茶的基本原料是茶叶、米、芝麻、黄豆、花生、盐及橘皮，有时也加些青草药。茶叶其实不全是茶叶，除采用老茶树叶外，更多的是采摘许多野生植物的嫩叶，如清明前的山梨叶、大青叶（不分季节）、中药称淮山的雪薯叶等，不下十余种。经洗净、焖煮、发酵、晒干等工序而大量制备，常年取用。加用药草则随季节气候不同而有所变换，如春夏温热，常用艾叶、薄荷、细叶金钱、斑笋菜等鲜草；秋季风燥，多选金盏菊或白菊花；冬天寒冷，可用竹叶椒或肉桂。原料备好同置于钵中。一般是坐姿操作，左手协助或仅用双腿夹住擂钵，右手或双手紧握擂持，以其圆端沿擂钵内壁成圆周频频擂转，直到原料擂成酱状茶泥，冲入滚水，撒些碎葱，便成为日常的饮料。

擂茶制作

十、苗族和侗族油茶

打油茶，是侗族生活中不可缺少的习俗。其在一天之中，不分早晚，随时都可以制作。油茶待客更是侗族的重要礼俗。用来制作油茶的原料，主要是茶叶、大米花、酥黄豆、炒花生、猪下水、葱花、糯米饭等。其具体制作方法是：先将煮好的糯米饭晒干，用油爆成米花，再将一把米放进锅里干炒，然后放入茶叶再炒一下，并加入适量的水，开锅后将茶叶滤出放好。待喝油茶时，将事先准备好的米花、炒花生、猪肝、粉肠等放入碗中，将滤好的茶斟入，就是色、香、味俱全的油茶了。在侗家人家里喝油茶的规矩是：在侗族地区无论到哪家，主人请你喝油茶，你都不必客气，太客气了，是对主人的不尊敬。贵州的布依族也喜欢喝油茶，制作方法与侗族差异不大，只是不用猪下水等物。

油茶

油茶也是苗族待客的饮料。其清香味浓，做法与侗族油茶不同。将油、食盐、生姜、茗茶倒入锅内同炒，待油冒烟，便加清水，煮沸，用木槌将茶舂碎，再用文火煮，然后滤出渣滓，把茶水倒入放有玉米、黄豆、花生、米花、糯米饭的碗里，再放些葱花、蒜叶、胡椒粉和山胡椒为佐料。夏秋两季，可用豆角，冬季可用红薯丁等泡油茶。苗家不但喝茶，还有表示感谢的茶歌。

喝茶时主人给每人一根筷子，如果不再喝了，就把筷子架在碗上，不然主人会一直陪你喝下去。

十一、回族罐罐茶

罐罐茶是甘肃部分山区（通渭、会宁、定西、兰州、天水市的甘谷和武山一带）、陕西部分地区的汉族传统茶点饮食，是当地农家古今相沿的一种独特的品茗风俗习惯。其主要用具就是罐子，以前的罐子是小瓦罐，现而今已经演变成小铁罐。喝罐罐茶的时候，罐子里倒上水在炉子上烧，同时在炉边烤枣，等到罐子里的水烧开了以后，将茶叶和烤好的枣，以及裂破壳的桂圆放到罐子里，等茶叶被烧开的水溢出好几次，也就是枣和桂圆及茶叶的味道进入水里后，找个杯子（爱喝甜茶的人可以在杯子里放上冰糖），将烧开的水倒进杯子，然后再向罐子里加水，继续烧，边烧边喝，最好是在炉边烤馍，边喝罐罐茶边吃馍，很是一种享受。

居住在曲靖、寻甸、马龙等县的回族同胞喜欢饮用罐罐茶。这种茶茶汁十分浓烈，像烈酒一样，有时还会“醉人”。一个土火炉子、一只“曲曲罐”（泥土烧制而成，容量很小，所能容纳的茶水也许远远不足一只高脚杯）、一撮茶叶或一笼火，一撮茶，一个茶罐和一只茶盅，便是制作罐罐茶的全部家当了。大家坐在热炕上，架旺火炉，将黑瓦罐里的茶熬得浓酽至极，一口口地呷着，显得十分舒坦、轻松。特别是逢年过节，家家都有罐子茶具，借以聚亲会友，他们把品饮罐罐茶看作生活中不可缺少的一部分。在乡下，罐罐茶也是农民的早点。罐罐茶具有几个明显的特点。一是用水量特别少。一般农村的老年人喝罐罐茶，所用的水大概只需要我们平时喝水用的一杯水就够了。二是特别费时间。老年人喝罐罐茶一般要用一个多小时甚至更久。三是由于用的是土火炉子，烟雾缭绕，有种腾云驾雾的感觉。四是熬成的茶特别苦。罐罐茶其实是在喝茶汁。最原始的用具确实是罐子，一种烧制出来的器具，其是青灰色，八九厘米高的，底座直径只有四五厘米的锥体，看似粗糙，品起茶来却很香浓，架在火盆上，可供一个人慢慢品用。现在罐子已经有了变化，是底座只有掌心大小的、高五六厘米的铁质杯子，搁在稍大些的电炉上，里面放些冰糖、红枣、枸杞、桂圆和茶。有时候杯子也放在火炉上，几个人围成一圈，边烤火聊天，边喝茶，还可以吃上几口馍馍。虽然杯子很小，每个人分到的很少，但是当那热茶含在嘴里的时候，体会到的感受却是无以言表的。

回族罐罐茶

第三节　茶艺表演

茶艺表演是在茶艺的基础上产生的，它是通过各种茶叶冲泡技艺的形象演示，科学地、生活化地、艺术地展示泡饮过程，使人们在精心营造的优雅环境氛围中，得到美的享受和情操的熏陶。中国从最早的茶艺萌芽时期的晋代开始，至茶艺盛行的唐代，都没有设置专门的茶艺表演人员。到了唐代，茶艺文化盛行，开始出现对茶叶冲泡方法的研究，亦有陆羽善于烹茗被太守请去试茗的说法；另据《封氏闻见记》记载，唐代御史大夫李季卿宣慰江南时，曾经请当地的茶学专家常伯熊表演煮茶。表演时，常伯熊一边向众客人述说所用茶叶的茶名，一边提壶冲泡，令众宾客心生钦佩之情。这两则故事所描述的，与现在的茶艺表演有着相似之处。陆羽在《茶经》中对茶艺过程也有过深刻的描述，对选茗、蓄水、置具、烹煮、品茗各个环节非常讲究，并制订了一整套茶艺程序，这已明显带有浓厚的艺术形式和丰富的内涵，推进了茶的技艺演化过程。宋代，人们兴起斗茶，卖茶水的人也相互间试论高低，被时人称为“茶百戏”，既然能称“戏”，自然是一种表演形式了。无论是“试茗”还是“茶百戏”，都至少说明茶艺表演在中国古代的茶文化样式中已渐呈现表演的意识。

现代文明的发展，促使茶艺表演成为了一种生活需要。尽管茶文化源于中国，但将茶文化精神发挥到极致的却是日本。随着两国茶事交流活动的增多，精湛的茶艺表演成了了解各自茶艺精髓，方便两国进行学习与交流的重要样式。加之人们在改革开放和物质生活日益满足的条件下，开始重视中国传统文化的继承与生活质量的提高，欲从满足生理需要的大众饮品中，重新品出古人早已传承但在近百年的民众生活中渐已消失的中国茶文化的内质。而林林总总的茶艺馆中推出的茶艺表演，无疑成了普及茶文化精神、引导人们如何领悟中国茶道的最佳载体。因而，茶艺表演的出现由中国古代的雏形渐趋成为普及茶文化必不可少的茶艺样式，从可能性的存在变为一种实际需要。

一、民俗茶艺表演

民俗茶艺表演取材于特定的民风、民俗、饮茶习惯，是以反映民俗文化等方面为主的、经过艺术的提炼与加工的、以茶为主体的艺术表演形式，如“西湖茶礼表演”“台湾乌龙茶茶艺表演”“赣南擂茶表演”“白族三道茶表演”“青豆茶表演”等，部分内容在前面章节中已有介绍。

二、仿古茶艺表演

仿古茶艺表演取材于历史资料，是经过艺术的提炼与加工，以大致反映历史原貌为主体的艺术表演形式，如“公刘子朱权茶道表演”“唐代宫廷茶礼表演”“韩国仿古茶艺表演”。

唐代宫廷茶礼

三、其他茶艺表演

其他茶艺表演取材于特定的文化内容，是经过艺术的提炼与加工，以反映该特定文化内涵为主体的，以茶为载体的艺术表演形式，如“禅茶表演”“火塘茶情表演”“新娘茶表演”。

新娘茶

四、表演的服装

表演服装的式样、款式多种多样，但应与所表演的主题相符合，服装应得体、端庄、大方，符合审美要求。如“唐代宫廷茶礼表演”，表演者的服饰应该是唐代宫廷服饰；“白族三道茶表演”则以白族的民族特色服装为宜；“禅茶表演”则以禅衣为宜等。

白族特色服装

五、表演的环境

茶艺表演的环境选择与布置是重要的环节，表演环境应无嘈杂之声，干净、清洁、窗明几净，室外也需洁净，环境宜茶或气爽神清之佳境。还需预备观看者的场所及坐椅、奉茶处所等。如日本茶道在茶会前要洒扫庭院，室内悬挂简单又令人沉思良久的字画、插花及布置小型花卉等，以利于茶艺表演的进行，使各位观看者进入茶艺表演的艺术创作之中。

茶艺表演的庭院

六、表演的音乐

所配音乐与茶艺表演的主题应该相符合，正如服装与茶艺表演的主题应相符合一样，均有助于人们对表演效果的肯定与认同。如“西湖茶礼表演”用江南丝竹的音乐；“禅茶表演”用佛教音乐；“公刘子朱权茶道表演”用古筝音乐等。

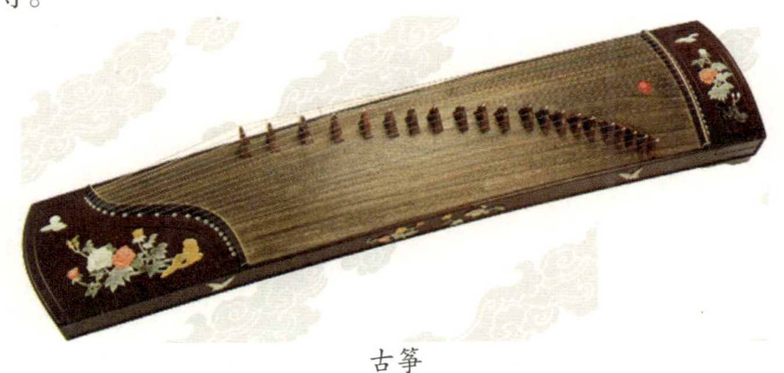

古筝

七、表演中的礼仪

中国是文明古国、礼仪之邦，素有客来敬茶的习俗。茶是礼仪的使者，可融洽人际关系。在种种茶艺表演里，均有礼仪的规范。如“唐代宫廷茶礼表演”就有唐代宫廷的礼仪；“禅茶表演”中有敬茶（奉茶）之后，僧侣对客人的礼仪；日本茶道中有主人对客人的礼仪、客人对客人的礼仪、人对器物的礼仪；在“台湾乌龙茶茶艺表演”中，有表演者对客人光临的礼仪，感谢观看的礼仪，助泡敬茶后向客人鞠躬致意的礼仪等。在行礼时，行礼者应该怀着对对方的真诚敬意进行行礼。行礼应保持适度、谦和，是从内心深处发出的敬意体现到这一礼仪中，包括眼睛的视角，动作的柔和、连贯，摆动的幅度等。茶艺表演中的位置、顺序，动作茶艺表演中的位置、顺序、动作，包括主泡、助泡的位置，出场、进场的顺序，行走的路线，行走的动作；敬茶、奉茶的顺序、动作；客人的位置、器物进出的顺序；摆放的位置、器物移动的顺序及路线等。人们往往注意移动的目的地，而忽视了移动的过程，而这一过程正是茶艺表演与一般品茶的明显区别之一。这些位置、顺序、动作所遵循的原则是合理性、科学性，符合美学原理及遵循茶道精神“和、敬、清、寂”“廉、美、和、敬”，符合中国传统文化的要求。

参考文献

[1] [唐]陆羽.茶经校注.沈冬梅,校注.北京：中国农业出版社，2006.

[2] [晋]常璩.华阳国志校注.刘琳,校注.成都：巴蜀书社，1984.

[3] [宋]李昉，李穆，徐铉，等.太平御览.北京：中华书局，1960.

[4] 熊宪光.汉魏六朝散文选注.长沙：岳麓书社，1998.

[5] [晋]陈寿.三国志.[宋]裴松之，注.北京：中华书局，2006.

[6] [梁]萧子显.南齐书.北京：中华书局，1972.

[7] [唐]房玄龄，等.晋书斠注.[清]吴士鉴，刘承幹，注.北京：中华书局，2008.

[8] 刘纬毅.汉唐方志辑佚.北京：北京图书馆出版社，1997.

[9] 张溥.汉魏晋六朝三百家题辞注.北京：人民文学出版社，1960.

[10] 刘诗中.从江西茶具谈古人饮茶习俗.东南文化，1989(3):54–58.

[11] 袁行霈.中国文学作品选注.北京:中华书局，2007.

[12] 陈祖梁,朱自振.中国茶叶历史资料选辑.北京：农业出版社，1981.

[13] 陈文华.长江流域茶文化.武汉：湖北教育出版社，2003.

[14] 王仁湘,杨焕新.饮茶史话.北京：中国大百科全书出版社，2003.

[15] 虞世南 . 北堂书抄 . 北京：中国书店，1989.

[16] 黄千麒 . 茶僧诗的渊源关系浅探 . 茶叶通讯，1994(3):38.

[17] 史仲文 . 中国文言小说百部经典 . 北京：北京出版社，2000.

[18] 缪启愉 . 齐民要术校释 . 北京：农业出版社，1982.

[19] 张万起 , 刘尚慈 . 世说新语译注 . 北京：中华书局，1998.

[20] 徐嘉民 , 雷睿勇 . 多彩的贵州茶文化 . 当代贵州，2014(14):28–29.

[21] 梁凤仪 . 中国人的茶文化 . 中国林业，2014(7):38–41.

[22] 王珊珊 , 蔡碧凡 , 苏祝成 .《红楼梦》中的茶文化评书 . 农业考古，2014(2):142–147.

[23] 宗志军 . 浅谈紫砂壶中的茶文化 . 佛山陶瓷，2014(3):50–52.

[24] 汪帮宏 . 静和雅　器载道　茶具与茶文化 . 中国收藏，2014(4):86–87.

[25] 薛阿琴 . 茶文化的历史传承者：紫砂壶 . 大众文艺，2014(3):272.